COLEÇÃO
EDUCAÇÃO FINANCEIRA

NA VOLTA A GENTE COMPRA

EDUCAÇÃO FINANCEIRA PARA TODAS AS IDADES

EDITORA
CHAVE MESTRA®

EDITORA
CHAVE MESTRA®

Av. Marcos Penteado de Ulhoa Rodrigues,
1119 – Tamboré, Alphaville – SP,
Ed. Office Shopping Tamboré –
Andar 21 – Sala Chave Mestra
CEP: 06460-040
@editorachavemestra
editora@editorachavemestra.com.br
www.editorachavemestra.com.br

DIREÇÃO EDITORIAL
Raquel Medeiros

COORDENAÇÃO EDITORIAL
Bartira Costa Neves

EDITORIA JR.
Larissa Robbi Ribeiro

ASSISTÊNCIA EDITORIAL
Amanda Karine Grossel
Eloiza Andrade
Flávio Alfonso Jr.

REVISÃO
Cintia R. M. Salles
Juliana Alexandrino

DIAGRAMAÇÃO E PROJETO GRÁFICO
Weslei Eugênio

***BRANDING* DE CAPA**
Izzo medeiros

Título original em português:

Na volta a gente compra:

educação financeira para todas as idades

Dados Internacionais de Catalogação na Publicação (CIP)

Vale, Rogério (Organizador)

V149 Na volta a gente compra: educação financeira para todas as idades / Rogério Vale (org.). — 1. ed. — Barueri, SP: Chave Mestra, 2025.
224 p.; 16 x 23 cm.

ISBN 978-65-5496-129-5

1. Educação financeira. 2. Liderança. 3. Inovação. 4. Negócios.
5. Finanças pessoais. 6. Resiliência. 7. Empreendedorismo. I. Título.

CDD-158.1

NA VOLTA A GENTE COMPRA

NOTA DA PUBLISHER

NA VOLTA A GENTE **COMPRA**

Na volta a gente compra: educação financeira para todas as idades faz parte da coleção Educação Financeira. Seu projeto, trazido até nós por Ana Luisa Nascimento e Mateus Buffone — e imediatamente acolhido por sua relevância —, surgiu do desejo em comum de seus idealizadores e da editora Chave Mestra de levar educação financeira, de forma acessível, ao maior número de pessoas, para ajudar nosso país a construir uma história de vida financeira saudável dentro e fora dos lares.

EDITORA CHAVE MESTRA®

IDEC INSTITUTO DE DESENVOLVIMENTO COMPORTAMENTAL

APRESENTAÇÃO

Quando falamos de dinheiro, muitas vezes pensamos apenas em núme-ros, planilhas e contas. Todavia, quem trabalha com planejamento financeiro sabe que o dinheiro atravessa todas as nossas emoções, relações e decisões cotidianas — especialmente dentro da família.

Foi a partir dessa percepção humanizada sobre renda e patrimônio que nasceu o segundo volume da nossa coletânea de educação financeira: *Na volta a gente compra: educação financeira para todas as idades*. O livro que você agora tem em mãos é um projeto idealizado com muito carinho por mim, Ana Luisa Nascimento, educadora financeira, e pelo meu marido e sócio, Mateus Buffone, especialista em investimentos.

Assim como o primeiro volume (*Adeus, dívidas*), esta obra nasce do nosso compromisso de transformar vidas por meio do conhecimento financeiro, agora com foco especial nas dinâmicas familiares e em temas que atravessam todas as fases da vida, independentemente da renda.

O título do livro, inspirado em uma frase que muitos de nós ouvimos (ou dissemos), já entrega parte da proposta: ensinar o valor do dinheiro desde cedo, com respeito a sonhos, limites e prioridades de cada família. Este volume é construído por muitas mãos, além das nossas, pois é graças a outros especialistas —

educadores, planejadores e profissionais que atuam diretamente com famílias — que este livro pode ser construído. Aqui eles trazem com suas *expertises* e vivências, orientações práticas e soluções possíveis para os desafios que envolvem o uso do dinheiro no dia a dia familiar.

Nesta obra, você encontrará capítulos que abordam desde o uso responsável do crédito, passando por temas como aposentadoria, renda extra, educação financeira infantil, reserva de emergência, lições de vida de outras culturas, sucessão e herança, até assuntos mais delicados, como dívidas, conflitos de valores e separações. É um livro que caminhará ao seu lado ao longo da vida, trazendo histórias e vivências de sonhos, dúvidas e recomeços.

Acreditamos que falar sobre dinheiro em casa não deve ser um tabu, e sim um hábito. Quando o assunto entra na mesa da cozinha, nos passeios de fim de semana e nas decisões importantes, o dinheiro deixa de ser motivo de tensão e passa a ser um instrumento de construção coletiva, afeto e liberdade.

Este livro é um convite para você refletir, aprender e conversar mais sobre finanças com quem caminha ao seu lado. É também uma ferramenta para construir uma vida com mais segurança e leveza — seja você um pai, uma mãe, um jovem começando a vida adulta ou um casal que deseja se alinhar financeiramente.

Nossa maior inspiração para esta obra foi a vida real. Em histórias que vimos, ouvimos e vivemos ao longo dos anos atendendo famílias com perfis diversos, mas que compartilham o mesmo desejo: cuidar melhor do dinheiro e, com isso, cuidar melhor de si e dos seus.

Que cada capítulo desperte novas ideias, conversas sinceras e atitudes transformadoras dentro do seu lar. Boa leitura!

Ana Luisa Nascimento

SUMÁRIO

NA VOLTA A GENTE **COMPRA**

ANA LUISA NASCIMENTO

A educação financeira mudou minha vida em 2019, quando comecei uma pós-graduação na área. O que inicialmente era algo pessoal — com o objetivo de me libertar das dívidas e da desorganização que impactavam negativamente minha família —, tornou-se uma missão. Percebi que, como eu, muitos brasileiros também caíam em armadilhas financeiras por desconhecerem questões básicas sobre dinheiro. O conhecimento me libertou. Foi então que criei a TEM Educação Financeira, empresa que nasceu do desejo de ajudar famílias a mudarem sua relação com o dinheiro para ter uma vida mais tranquila e realizar sonhos por meio de investimentos.

temeducacaofinanceira

+55 (41) 99172-6078

temeducacaofinanceira

temeducacaofinanceira

contato@temeducacao.com.br

www.temeducacao.com.br

NA VOLTA A GENTE **COMPRA**

1

O USO RESPONSÁVEL DO CRÉDITO EM FAMÍLIA

Por Ana Luisa Nascimento

Era uma vez um casal de jovens apaixonados. Fernanda e Lucas haviam acabado de se casar e tinham muitos sonhos: comprar uma casa e um carro, fazer viagens inesquecíveis, curtir a vida com os amigos e, em breve, aumentar a família. O que eles não sabiam era que muitas escolhas financeiras feitas inclusive antes do casamento poderiam definir o desfecho de sua história.

Muitos casais começam a vida a dois com grandes planos e muitas expectativas, mas poucos imaginam que questões envolvendo dinheiro podem se tornar uma das principais fontes de conflito no relacionamento e até acabar com uma linda história de amor. Segundo o Instituto Brasileiro de Geografia e Estatística (IBGE), em 2022, o Brasil registrou mais de 420 mil divórcios, sendo que aproximadamente 60% deles ocorreram por motivos financeiros (Lemos, 2024). Já o Serviço de Proteção ao Crédito (SPC) aponta que 23% dos casais inadimplentes relatam desentendimentos frequentes por causa de dinheiro (SPC Brasil, 2025).

Voltando à história da Fernanda e do Lucas, a diferença de perfis financeiros já havia se manifestado nos preparativos para o casamento. Enquanto Fernanda queria uma cerimônia simples e intimista, Lucas sonhava com uma festa grandiosa. Com muito empenho, chegaram a um meio-termo: pouparam antes da celebração, usaram o cartão de crédito para parcelar as despesas maiores e contaram com a ajuda da família. A festa foi linda e marcou um novo começo para o casal. No entanto, alguns meses depois, as divergências voltaram a aparecer. Fernanda queria poupar para dar entrada em uma casa, enquanto Lucas, animado, preferia aproveitar o momento com lazer e viagens. Depois de tentativas frustradas de diálogo, Fernanda começou a economizar dinheiro sozinha. Já Lucas, sem acompanhar as finanças do casal, continuava usando o cartão de crédito livremente.

Um ano depois, Lucas recebeu um aumento. Fernanda ficou animada com a possibilidade de aliviar o orçamento doméstico, mas Lucas decidiu financiar um carro, mesmo sem ter uma reserva financeira. A decisão frustrou Fernanda, pois parte do valor que ela havia poupado para a entrada da casa foi utilizada para dar entrada no automóvel.

Do sonho à realidade

Você consegue perceber o que está acontecendo com Fernanda e Lucas?

O que observamos na história é que, com o tempo, fica mais evidente o desencontro entre os objetivos que cada um deseja alcançar. Quando os desejos individuais começam a se atropelar, o sonho de um se torna um obstáculo para a realização do sonho do outro (Cerbasi, 2014), e o relacionamento vira um verdadeiro cabo de guerra.

Agora, vamos somar à situação uma nova variável: o uso do crédito. O crédito, em si, não é bom nem ruim; ele pode, inclusive, ser um grande aliado na organização mensal, suavizando um gasto maior em parcelas menores e auxiliando na realização dos sonhos. Mas, para isso, ele precisa ser planejado com base em três variáveis: 1) o planejamento prévio da aquisição (um carro tem custos mensais que devem ser avaliados); 2) a possibilidade de pagamento mensal; e 3) o alinhamento de objetivos, o que não foi o caso do casal.

Com o carro, veio o conforto, mas também o aperto no orçamento. Sem conseguir poupar, nossa dupla romântica passou a usar mais dois cartões de crédito para pagar as contas. Lucas pagava sua fatura e repassava o que sobrava para Fernanda, que cuidava das despesas da casa, cada vez mais apertadas. Sem controle financeiro, as faturas aumentavam. Com isso, surgiram brigas, principalmente após o nascimento de Maia, a primeira filha do casal.

O nascimento de Maia foi desejado e trouxe muita alegria à vida deles. Eles sabiam que a rotina mudaria e que a renda teria uma queda nos primeiros meses, por causa da licença-maternidade de Fernanda. Assim, combinaram que, durante esse período, Lucas ficaria responsável por gerir as finanças da família. No entanto, tiveram alguns tropeços financeiros em razão de custos não previstos no primeiro ano de vida de Maia e, por isso, recorreram a um empréstimo pessoal com o objetivo de quitar alguns desses débitos.

A gota d'água

Seguindo os conselhos de amigos e parentes, no terceiro ano de casamento eles decidiram financiar um imóvel. Usaram o FGTS e uma bonificação para dar a entrada mínima e assumiram uma dívida com prazo de trinta anos. No quarto ano, o cenário piorou: as contas estavam atrasadas, o cheque especial estava em uso e tinham renegociações e empréstimos em aberto. Com isso, veio o medo de perder o imóvel e começaram os conflitos conjugais. O casamento estava por um fio.

Solução ou dissolução

Neste momento, você deve estar se perguntando: "Mas por que eles não pararam, conversaram e se organizaram?" ou "Por que não colocaram um freio nessa situação?". Essa seria uma atitude racional, mas não é bem assim que funciona na realidade.

A relação com o dinheiro é um tópico sensível na vida familiar, principalmente quando não existe alinhamento nem uma rotina pré-definida de organização entre os envolvidos, tampouco alinhamento entre os sonhos individuais e os do casal. O uso do crédito entra como catalisador; pode potencializar o orçamento e as realizações ou pode acelerar a ruína financeira e a paz da família.

Em mentorias com casais, observo isso com frequência: falta de comunicação, decisões unilaterais, ausência de planejamento. Muitos se esquecem do essencial: uma família é muito mais do que duas ou mais pessoas dividindo um teto, elas dividem uma vida. O crédito, por sua vez, é apenas uma ferramenta que permite antecipar a realização de sonhos.

Na maioria das vezes, o casal transfere a culpa pelos problemas financeiros um para o outro, para o cartão de crédito ou, ainda, para o empréstimo que fizeram. Mas será que todas as dívidas são realmente ruins? Será que o cartão é sempre um vilão para os casais? A resposta para as duas perguntas é um simples e objetivo "não".

Dívidas de valor x dívidas sem valor

Afinal, o que é crédito? Você já parou para pensar nisso? Costumo explicar de maneira simplificada que crédito nada mais é do que o dinheiro do futuro que o banco antecipa para você. Os juros que você paga representam duas coisas: 1) a atualização da inflação e 2) a comissão do banco por ter disponibilizado esse valor. Sim, é isso mesmo que você entendeu: o banco vende a você o dinheiro que seria seu no futuro se você o guardasse.

O crédito, dentro de uma família, funciona como uma ponte: pode encurtar caminhos para a realização de sonhos, mas precisa ser usado com cuidado. Ele não te dá mais dinheiro, apenas antecipa seu dinheiro no tempo. Quando bem usado e planejado, contribui para construir algo de valor, como a compra de uma casa, um carro ou um investimento em educação. Essas são chamadas dívidas de valor, pois quando feitas com planejamento, costumam ter juros mais baixos, antecipam um sonho e contribuem para o patrimônio e para as realizações familiares.

Já as dívidas sem valor referem-se aos empréstimos feitos sem planejamento, geralmente com juros altos, como o rotativo do cartão de crédito ou o cheque especial. Em geral, seu uso é fruto de antecipações mal planejadas ou geradas a partir do fato de a família não ter um planejamento financeiro e viver acima do padrão de vida que as receitas permitem. Essas dívidas são perigosas, pois os juros altos transformam pequenas dívidas em grandes problemas. Por isso, usar o crédito com consciência e estratégia é fundamental para que ele se torne um aliado da organização financeira — e não um inimigo silencioso.

Cartão de crédito não é varinha mágica

O cartão de crédito não é uma varinha mágica que faz aparecer na sua frente tudo aquilo que você deseja. Trata-se, sim, de um empréstimo, pois é uma antecipação do seu dinheiro. A diferença é que ele é um empréstimo de curto prazo que você enxerga como dinheiro extra. Como toda parcela embute juros, acabamos pagando sem nem perceber. Em geral, o vendedor repassa essa taxa ao consumidor, pois, na prática, não existe parcelamento sem juros.

Dez mandamentos do uso do crédito em família

Retornando à história de Fernanda e Lucas, o que parecia ser o fim da história, na verdade, pode se tornar um verdadeiro ponto de virada financeira, desde que o casal decida romper o ciclo de desorganização.

Casais como Fernanda e Lucas têm solução, e posso afirmar isso com convicção. Muitos se enrolam financeiramente porque agem de forma individual, usam o cartão de crédito sem alinhamento familiar, não se sentam para conversar, não mantêm uma reserva para imprevistos e tampouco definem um orçamento ou estratégias para obter crédito de valor e utilizar o cartão de maneira inteligente.

A seguir, compartilho dez mandamentos do uso consciente do crédito se Fernanda e Lucas fossem meus mentoreados.

1. Tenham, no máximo, dois cartões de crédito. Mais cartões aumentam a complexidade do controle financeiro.

2. Usem o cartão como um vale. Definam um limite máximo para a fatura, usando-o exclusivamente para uma categoria de gasto, como alimentação ou transporte.
3. Nunca parcelem gastos recorrentes. Eles se sobrepõem rapidamente.
4. Paguem sempre o valor total da fatura. Os juros são altíssimos e as chances de entrar em um ciclo de endividamento são grandes.
5. Revisem o orçamento uma vez por semana. Avaliem o que já foi gasto e o que ainda falta ser pago no mês.
6. Não comprometam mais de 20% da renda familiar com empréstimos. Isso pode estrangular o padrão de vida da família.
7. Planejem suas decisões de crédito. Quanto mais planejada a decisão, mais racional ela será. Toda decisão imediatista é míope e não enxerga as consequências futuras.
8. Comparem propostas entre instituições financeiras. A diferença pode ser enorme, chegando ao dobro do valor em termos de saldo devedor.
9. Não escondam dívidas um do outro. A confiança é a base de todo relacionamento. Se não há confiança, não há união. Transparência é essencial.
10. Tratem o dinheiro como um projeto de vida. Alinhem o uso do crédito aos objetivos do casal, fazendo dele um aliado.

A história deste capítulo foi inspirada em situações reais, vividas por muitos casais atendidos pela TEM Educação Financeira. Se você se identificou com esse relato, não hesite em buscar ajuda. A educação financeira pode transformar sua vida e salvar seu relacionamento. Estou aqui para ajudar.

BIBLIOGRAFIA

CERBASI, G. *Casais inteligentes enriquecem juntos*: finanças para casais. São Paulo: Sextante, 2014.

LEMOS, S. IBGE constata aumento recorde de divórcios no Brasil. *Jornal da USP*, 4 abr. 2024. Disponível em: https://jornal.usp.br/?p=763703. Acesso em: 2 jun. 2025.

SPC BRASIL. 17% dos casais têm brigas frequentes quando o assunto é dinheiro, revela SPC Brasil. *SPC Brasil Imprensa*. Disponível em: https://www.spcbrasil.org.br/uploads/st_imprensa/release_briga_de_casais_dinheiro_20141.pdf. Acesso em: 2 jun. 2025.

"Uma família é muito mais do que duas ou mais pessoas dividindo um teto; elas dividem uma vida."

Ana Luisa Nascimento

Que ensinamentos este capítulo trouxe para sua vida e suas finanças?

ANTÔNIO GENÉSIO VASCONCELOS

Meu nome é Antônio Genésio Vasconcelos e nasci em Fortaleza/CE. Sou formado em Administração de Empresas e Administração Pública, ambos os cursos concluídos na Universidade Estadual do Ceará (UECE), com especialização em Gestão Tributária pela Universidade Castelo Branco (UCB-RJ) e doutorado em Administração de Empresas pela Fundação Getulio Vargas (FGV-SP). Também atuo como analista de negócios, professor e educador financeiro.

Filho de comerciantes, sempre estive, de alguma maneira, envolvido com a profissão dos meus pais. Por necessidade, comecei a trabalhar aos 16 anos. A relação com o dinheiro sempre foi algo muito presente tanto nos momentos bons quanto nos ruins que experimentei em minha caminhada. Isso me possibilitou estudar mais sobre como lidar com ele e aproveitar sua melhor parte, aliando, assim, teoria e prática.

nossodinheiro

NA VOLTA A GENTE **COMPRA**

2

PARA ONDE VAI O NOSSO DINHEIRO?

Por Antônio Genésio Vasconcelos

O momento de descanso e silêncio é interrompido pelo alarme do celular. Hora de acordar e dar início a mais uma semana de trabalho, numa segunda-feira que não espera: vai, pouco a pouco, lotando nossa agenda de atividades, deslocamentos e compromissos pessoais que se misturam aos profissionais, já que a comunicação acontece em tempo real e as mensagens se intensificam a cada instante. Mas é isso: é a vida adulta! Muitas vezes desejada, sonhada, buscada, por inúmeros motivos: independência, liberdade, autonomia, vontade própria, realização pessoal. Vários são os pontos que nos fizeram querer chegar à fase adulta. E, entre eles, um salta imediatamente aos pensamentos: ganhar o nosso próprio dinheiro! Quanta satisfação! Uma sensação única de realização pessoal, misturada ao início da carreira profissional e à possibilidade de, finalmente, começar a realizar alguns desejos pessoais. Afinal de contas, como esquecer das inúmeras vezes em que, durante um passeio com algum adulto, geralmente nossos pais, víamos algo que chamava a nossa atenção e, ao pedir, ouvíamos a tão temida frase: “Na volta a gente compra!”. Sabíamos bem o que ela realmente significava. Não era uma ponta de esperança. Por mais que tentássemos nutri-la, sabíamos que era uma forma de amenizar a negação do nosso pedido de compra. Portanto, essa frase vinha como um verdadeiro balde de água fria.

Mas os tempos mudaram. Crescemos, trabalhamos e, hoje, temos o nosso próprio dinheiro. Então, todos aqueles desejos guardados, muitas vezes silenciados, começam a tomar forma, ganhar aromas e ser saciados. “Por que não, não é mesmo?”, nos perguntamos, uma vez que nos dedicamos ao trabalho e nos esforçamos para que nossos desejos sejam realizados. Somos merecedores de mimos, prêmios e presentes que damos a nós mesmos.

O tempo passa, as responsabilidades aumentam, os compromissos financeiros se ampliam e, quando menos esperamos, somos surpreendidos por uma voz pedindo para comprar algo, a que, quase de maneira automática, respondemos: “Na volta a gente compra!”. Como assim? Nós nos tornamos aquilo que mais temíamos. Agora, o jogo virou, e estamos do lado oposto: somos a pessoa adulta que acorda em uma segunda-feira para mais uma semana intensa de atividades, compromissos profissionais e pessoais e se depara com a impossibilidade financeira de não poder comprar algo desejado, como se nós mesmos olhássemos algo na vitrine e pensássemos: “Na volta a gente compra”.

Nesse momento, ficamos duplamente frustrados: primeiro, porque não conseguimos ter o que pedíamos de presente quando éramos crianças ou adolescentes; segundo, porque agora que somos adultos e ganhamos nosso dinheiro, não podemos comprar o que desejamos. Como isso aconteceu? Como chegamos a esse ponto na vida financeira? Como é possível trabalhar o mês inteiro e, mesmo assim, não ter dinheiro para comprar algo que, muitas vezes, nem é tão caro assim diante do salário que recebemos? A pergunta que não quer calar é: "Para onde vai o nosso dinheiro?".

A resposta, ao que tudo indica, parece estar nos números. O primeiro movimento a ser feito é organizar os gastos, anotando todos e separando-os por categorias, a fim de obter um panorama das movimentações financeiras realizadas no mês. Partindo desse ponto, é mais fácil identificar onde tivemos mais despesas. Entretanto, essa ação, por si só, não é suficiente para responder à pergunta. O que obtemos como resultado é uma planilha com gastos agrupados por categorias e números com diferentes ordens de grandeza. Com isso, é possível concluir que tivemos gastos demais, o que parece óbvio, já que não temos dinheiro para comprar aquilo que almejamos. No entanto, não é apenas isso que devemos considerar, já que o que nos importa está além dos números e da categorização de despesas em uma planilha ou em um aplicativo. Precisamos ir além, até porque a pergunta é "para onde vai o dinheiro?" e não "quanto dinheiro eu gasto?". Assim, chegamos à primeira consideração para responder a pergunta: os números importam, mas é preciso continuar investigando. Ao agruparmos os gastos por categorias, entendemos melhor quais áreas consomem mais recursos. Esse, sem dúvida, é um ponto de grande importância, uma vez que nos ajuda a compreender melhor cada área da vida financeira. Em geral, esses gastos costumam ser divididos em: habitação, educação, saúde, transporte, lazer e despesas pessoais, mas podem ser ajustados de acordo com a percepção pessoal que se faz de cada agrupamento na planilha.

Porém, ao analisar cada agrupamento de gastos, não é possível considerar apenas o total dos valores. Dessa maneira, é importante avaliar mais um ponto nessa análise. Para exemplificar, imagine que você está no mercado comprando frutas. Cada uma delas possui características, usos e benefícios próprios, não podendo ser comparadas de uma maneira genérica. Ao escolhermos uvas, compramos por quilo ou caixa, e não por unidade, como acontece com laranjas e maçãs. Assim, não escolhemos uva por uva, como fazemos com outras frutas. Seguindo essa linha de raciocínio, não é possível comparar os valores gastos em cada um dos grupos considerando apenas os valores. É necessário compreender o que eles representam e ponderar se teve ou não benefícios antes de direcionar um modelo ideal para computar os gastos. Por exemplo, ao financiar um imóvel, o comprometimento de renda ideal é, em geral, de no máximo 30% da renda familiar. Ou seja, o banco entende que, para a categoria "habitação", não se deve destinar mais que esse percentual, uma vez que há outras despesas a serem consideradas e que devem ser supridas. Mas, e para os demais grupos, também há regras a serem seguidas? Podemos até ter direcionamentos, mas é o contexto pessoal que vai nos guiar melhor. E é a partir desse ponto que entramos em uma nova fase de nossa análise: "Quais são as minhas prioridades?". Cada pessoa define o que é ou não prioridade de acordo com o contexto financeiro em que vive, com base em sua trajetória de vida, em seu cotidiano e em metas distintas, o que torna injusto equiparar todas as pessoas a partir de um único ponto. É provável que você tenha tido contato ou conheça alguém que receba o mesmo salário que o seu, mas tenha despesas totalmente diferentes das suas. Os motivos para isso são diversos e, muitas vezes, fogem das escolhas pessoais. Por exemplo, se tivermos gastos para suprir necessidades específicas de saúde, tanto pessoais quanto familiares, teremos de direcionar mais recursos financeiros para esse grupo. Será, então, que somos sempre guiados por demandas essenciais? Será que os critérios que estabelecemos são sempre tão racionais quanto a lógica dos números? A resposta é um sonoro "não".

Somos seres formados por muitas dimensões, mas considero aqui apenas duas: a racional e a sentimental. O lado racional do ser humano costuma tomar decisões pautadas em questões concretas, objetivas e calculadas. Algumas pessoas dão mais ênfase aos critérios racionais das decisões; outras dão menos. Entretanto, isso não significa que não haja espaço para estudar e ampliar esses critérios. De acordo com essa racionalização, algumas decisões se tornam automáticas, ou seja, não há mais espaço para tantos questionamentos porque entendemos os motivos pelos quais somos guiados. Por outro lado, é importante considerar que somos seres sentimentais, e as emoções costumam se manifestar intensamente quando fazemos escolhas, principalmente as de ordem financeira. Para facilitar mais essa compreensão, vamos comparar as decisões racionais com nossas necessidades pessoais e as decisões sentimentais com nossos desejos. Mas, não se engane, ainda há espaço para fazer ajustes.

Ao fazer o agrupamento de gastos por categoria, é importante considerar itens essenciais para a sobrevivência, ou seja, comum a todos os seres humanos. Ainda assim, há diferentes percepções sobre o que é ou não importante considerar. Por exemplo, o tipo de moradia considerada adequada pode variar de acordo com as características e as demandas de seus moradores, como crianças, idosos ou pessoas com locomoção restrita. Apesar de esse ser um ponto a ser racionalizado, o lado sentimental pode nos confundir e fazer com que misturemos necessidade e desejo.

Lembra da criança que desejava um brinquedo e, ao pedir de presente, ouvia "na volta a gente compra"? Essa criança passou pela adolescência, pela juventude e, agora, é uma pessoa adulta. Em cada uma dessas fases da vida, os desejos não realizados foram sendo acumulados para serem "soltos" quando começássemos a ganhar dinheiro. E é aqui que está o problema: há um limite para o uso do nosso dinheiro, mas não para os nossos desejos. Para driblar esse dilema, classificamos inconscientemente os desejos como necessidades para, assim, justificarmos o que consumimos. Repetimos em nossa vida um modelo idealizado, visto em filmes, séries, novelas e nas mídias digitais. Tentamos, a qualquer custo, justificar o estilo de vida que adotamos como necessário, quando, na verdade, ele atende muito mais aos desejos do que às necessidades.

Isso significa que é errado gostar de coisas boas e desejar ter conforto, ou até mesmo alguns luxos? Que não posso me presentear ou me mimar para recompensar as segundas-feiras que me esforço para enfrentar? O ponto não é considerar essas atitudes como erradas, mas sim refletir sobre o risco de destinar o dinheiro para suprir desejos que, disfarçados de necessidades, estouram o orçamento e nos fazem afundar em um mar de lama de dívidas. Esse é o ponto crucial. É preciso rever as prioridades e entender o que é, de fato, uma necessidade e o que é apenas um desejo, considerando que o dinheiro é limitado e que temos de fazer escolhas. Priorizar o que é necessário é essencial e ter desejos é legítimo e traz alegria à vida, mas é indispensável que eles caibam no seu orçamento.

Assim, a resposta à pergunta "para onde vai o nosso dinheiro?" relaciona-se muito mais à maneira como lidamos com nossos desejos do que com valores e categorias de gastos. Reflita sobre isso e, se quiser conversar sobre o assunto, fique à vontade para entrar em contato comigo nas redes sociais.

Muito sucesso a você!

“Não sabemos para onde vai nosso dinheiro porque confundimos desejos com necessidades e priorizamos de maneira errada nossas escolhas financeiras.”

Antônio Genésio Vasconcelos

Que ensinamentos este capítulo trouxe para sua vida e suas finanças?

BEATRIZ HOLANDA

Olá! Meu nome é Beatriz Holanda, sou natural de Fortaleza/CE, onde resido com meu talentoso e amado marido, Eduardo Holanda. Juntos, preenchemos a vida com muita música e conexão com a natureza.

Sou planejadora financeira pessoal e empresarial, coautora do livro *Adeus, dívidas*, advogada internacional e consteladora familiar. Alio meus conhecimentos em educação, finanças, gestão empresarial, direito e abordagens sistêmicas para possibilitar mais riqueza às pessoas e maior lucratividade às empresas. Minhas formações estão a seu serviço para transformar sua vida financeira por meio de uma abordagem única, ajudando você a encontrar a paz e a tranquilidade que o dinheiro pode proporcionar de forma abundante.

beatrizholanda__
BeatrizHolanda-youtube
contato@beatrizholanda.com
www.beatrizholanda.com.br

NA VOLTA A GENTE **COMPRA**

3

JUNTOS NO AMOR E NAS CONTAS

Por Beatriz Holanda

"A gente se ama e se dá bem, mas, quando o assunto é dinheiro, só dá briga." Essa frase, muito comum nos atendimentos a casais, diz bastante sobre a realidade de muitas relações. O amor pode ser forte, verdadeiro, cheio de boas intenções. Mas, se as expectativas financeiras não forem conversadas e alinhadas, o relacionamento pode ser abalado por discussões recorrentes, frustrações silenciosas e escolhas incompatíveis.

Não é raro que um dos parceiros se sinta sobrecarregado enquanto o outro viva no piloto automático em relação aos gastos. Um pode ser mais econômico; o outro, mais impulsivo. Ou ainda: um pode ser conservador e o outro, arrojado demais. Na maioria das vezes, o conflito financeiro não é sobre o dinheiro em si, mas sobre o que ele representa: segurança, liberdade, afeto, reconhecimento. O dinheiro torna-se o palco onde emoções, histórias familiares e padrões inconscientes se manifestam.

As consequências disso vão muito além da conta bancária: afetam o vínculo emocional. Quando o casal não se entende financeiramente, a desconexão cresce, o ressentimento se instala, e a cumplicidade dá lugar à disputa. Mas há caminhos possíveis. Assim como esses desencontros são alimentados pela falta de consciência, também podem ser curados por meio do diálogo, da escuta, do acolhimento e da reconstrução de acordos afetivos e financeiros.

Falar sobre dinheiro ainda é um tabu em muitas relações amorosas. A sociedade foi ensinada a acreditar que o amor verdadeiro não se preocupa com questões financeiras, mas isso está longe da realidade. A maturidade de um casal passa pela capacidade de conversar sobre o que dói, o que preocupa e o que precisa ser ajustado na relação. Quando deixamos o assunto de lado, abrimos espaço para suposições, mágoas e cobranças silenciosas. Alinhar as expectativas financeiras é, na prática, alinhar o modo como escolhem viver. É uma conversa que atravessa o dia a dia, os sonhos e as decisões mais importantes da vida a dois.

Neste capítulo, desejo conduzi-lo por esses caminhos, partilhando aprendizados, exemplos e reflexões que podem transformar sua relação com o dinheiro e com quem você ama.

Como conversar sobre dinheiro na prática

Quando inicio o planejamento financeiro de um casal, o foco não é quanto ganham, mas como conversam sobre dinheiro. Observo como se dá a escuta entre eles, como expressam suas vontades e como reagem diante das diferenças. Muitas vezes, percebo a ausência de um vocabulário emocional.

A conversa costuma girar em torno de frases como "você gasta demais" ou "isso não é prioridade". Essa linguagem, além de vaga, cria barreiras. E, sem conexão, não há colaboração.

O primeiro passo para resolver conflitos financeiros em um relacionamento é reconhecer que eles existem. Fingir que está tudo bem ou deixar para conversar sobre o assunto depois só aumenta a distância emocional. Uma maneira prática de iniciar o diálogo é criar um momento reservado para falar sobre o tema. Pode ser durante o café da manhã de domingo ou em um passeio tranquilo em que ambos se sintam confortáveis. O mais importante é abordar o tema com afeto e sem fazer acusações. Transformem esse momento em um ritual de cuidado com o relacionamento. Reflitam sobre o que tem funcionado, o que precisa ser ajustado e quais são os sonhos que os movem.

Outro ponto importante é entender que cada um carrega uma história familiar com o dinheiro. Um pode ter vivido em um ambiente onde o dinheiro era escasso e motivo de medo; o outro, em um contexto em que consumir era símbolo de sucesso. Essas raízes moldam comportamentos e expectativas. Quando esses dois universos se encontram sem consciência, o conflito se instala. Olhar para essas histórias não é buscar culpados, mas compreender a origem dessas questões para agir de forma diferente.

Muitos casais enfrentam o impasse da diferença de perfis: um parceiro poupador e o outro gastador. Acompanhei um caso emblemático em que o casal era exatamente assim. A mulher veio de uma família que passou por dificuldades financeiras, e seu maior medo era reviver essa instabilidade. Já o homem cresceu em um ambiente de abundância e enxergava o dinheiro como meio de aproveitar a vida. Essas diferenças causavam brigas, principalmente quando ela pretendia guardar cada centavo e ele queria viajar de última hora. A virada aconteceu quando eles compreenderam que estavam apenas repetindo padrões familiares. Ao nomearem suas inseguranças e seus desejos, conseguiram fazer um planejamento que incluía tanto segurança quanto lazer.

Outro conflito comum entre casais envolve a divisão das despesas. Não é raro que optem por dividir igualmente todas as despesas, sem considerar que, nem sempre, as entradas financeiras são as mesmas. Isso pode gerar ressentimento e uma sensação de injustiça. Uma alternativa saudável é alinhar a divisão proporcionalmente à renda, respeitando o esforço e as limitações de cada um. Já vi casais florescerem ao fazer esse ajuste — como um, por exemplo, que, depois de rever os percentuais de contribuição, passou a ter espaço para investir em seus projetos pessoais, o que trouxe leveza ao relacionamento.

Outro ponto sensível é o uso do cartão de crédito. Muitas vezes, um dos parceiros, por não querer desagradar ou para evitar conflitos, acaba escondendo as dívidas e, com isso, o silêncio passa a ser um peso. Falar sobre dinheiro exige coragem, mas é libertador. Uma solução prática é criar o hábito de, mensalmente, revisarem juntos os extratos e as faturas. Isso evita surpresas e fortalece o senso de equipe.

Um dos casais que atendi passou a fazer isso um ritual mensal. Com um clima tranquilo e enquanto comiam *pizza*, revisavam o orçamento e planejavam os próximos passos. Fizeram desse momento uma forma de se conectarem sem cobranças. Planejar as finanças a dois não precisa ser chato ou cheio de tensão; pelo contrário, pode ser um momento de conexão, de sonho, de carinho.

Proponho que os casais tenham pelo menos um encontro mensal para revisar suas finanças, criando um clima agradável e escolhendo um ambiente tranquilo para isso. Outra estratégia eficaz é usar aplicativos ou planilhas compartilhadas, que possibilitam um acompanhamento transparente e colaborativo.

Na maioria das vezes, o que parece ser um problema financeiro é, na verdade, um problema de comunicação. Em geral, uma das partes sente que o outro não valoriza seu esforço, enquanto a outra acha que está sempre sendo criticada. O que ajuda muito é adotar uma comunicação acolhedora, em vez de partir para o ataque. Dizer que sente medo quando gastam mais do que ganham é muito mais eficaz do que acusar o parceiro ou a parceira de ser irresponsável com os gastos. Ao expressar o que sentimos sem fazer acusações, criamos espaço para uma conversa mais aberta e menos defensiva. Esse simples ajuste na forma de se comunicar pode mudar completamente a dinâmica do casal.

Há, ainda, os conflitos relacionados aos projetos de vida. Um quer comprar um imóvel, o outro prefere viajar. Um deseja ter filhos, o outro ainda não se sente preparado. O segredo, nesses casos, é fazer pausas para entender os valores por trás de cada escolha. Não se trata apenas de ceder, mas de buscar um caminho do meio, em que ambos tenham seus desejos considerados. Mapear os objetivos em curto, médio e longo prazo é uma estratégia poderosa. Fazer um mapa dos sonhos — um mural com imagens, palavras e metas conjuntas — pode trazer motivação e fortalecer o senso de parceria.

Criar margem para os desejos de cada um e estipular um valor para uso livre e pessoal, sem a necessidade de justificar cada gasto, preserva a individualidade sem comprometer o projeto financeiro em comum.

Outro ponto que costuma gerar atritos é o uso do dinheiro como instrumento de poder. Quando ele passa a ser usado para controlar, punir ou recompensar, perde sua função de meio para realizar sonhos e se torna um obstáculo. O dinheiro precisa estar a serviço da parceria, e não da hierarquia. Essa consciência traz leveza para as decisões e permite que a relação floresça com mais liberdade.

Quando os conflitos surgirem — e eles vão surgir —, é importante lembrar que não se trata de ganhar ou perder, mas de escutar, compreender e construir soluções que respeitem os dois lados. Quando o casal aprende a nomear as emoções, negociar limites e rever acordos, o dinheiro deixa de ser um tabu e passa a ser uma ponte para o fortalecimento da intimidade.

Outro ponto importante nesse processo de aprendizagem é compreender que alinhar as finanças é um caminho contínuo. Não há uma fórmula mágica ou um ponto-final. Haverá fases em que um estará mais disposto a liderar, enquanto o outro enfrenta inseguranças. Haverá momentos de fartura e outros de recomeço. A solução está na presença: a disposição de retomar a conversa, revisar acordos e acolher as mudanças.

Posso lhe fazer uma proposta?

Se você chegou até aqui, já começou a mudança. Reconhecer que o dinheiro impacta seu relacionamento é um ato de coragem e, mais do que isso, é um gesto de amor. Escolher conversar sobre o que incomoda, o que não funciona e o que pode melhorar é, na verdade, escolher cuidar da relação com maturidade.

Talvez vocês precisem reaprender a conversar. Talvez tenham de revisitar dores que ainda guiam seus medos. Talvez seja a hora de transformar cobranças em perguntas, silêncios em escuta, acusações em acordos. Cada casal tem seu tempo, seu ritmo, sua história. Pode ser que vocês precisem rever hábitos, criar novos rituais ou até buscar apoio profissional. Tudo isso faz parte. O que importa é manter o compromisso de caminhar juntos, com respeito pelas diferenças e disposição para construir uma vida alinhada. Todos nós somos capazes de construir uma relação mais leve e verdadeira com o dinheiro.

Já acompanhei casais que reconstruíram seus laços ao organizarem juntos suas finanças. Vi olhos brilharem ao sonharem com uma casa, com uma viagem, com uma aposentadoria tranquila. E, principalmente, presenciei, pessoas redescobrindo o amor quando, finalmente, conseguiram se sentir seguras e ouvidas.

Sendo assim, minha proposta é esta: criem um espaço de escuta e de acolhimento que esteja sempre em construção. Utilizem o dinheiro como ferramenta para estabelecer parceria, e não controle. Olhem-se com interesse e respeito. Façam das finanças um terreno fértil para a prosperidade. Lembrem-se: alinhar as finanças é alinhar os sonhos. E isso é uma das formas mais bonitas de amar.

"Alinhar as finanças do casal é mais do que somar contas: é multiplicar sonhos e dividir o peso da vida com leveza e parceria."

Beatriz Holanda

Que ensinamentos este capítulo trouxe para sua vida e suas finanças?

CACO SANTOS, CFP®

Atuo como planejador financeiro pessoal desde 2013, quando conquistei minha certificação CFP®. Sou especialista em planejamento patrimonial e sucessório, além de palestrante, professor e autor de artigos e livros sobre o tema. Compartilho meu conhecimento como docente em Práticas Colaborativas e também sou mediador extrajudicial capacitado.

Formado em Administração de Empresas pela Faculdade de Economia e Administração da Universidade de São Paulo (FEA-USP), com MBA em Finanças pela Fundação Instituto de Administração (FIA-USP). Minha trajetória profissional conta com 35 anos no setor financeiro, tendo atuado em áreas como tesouraria, gestão de riscos e produtos financeiros em instituições como JPMorgan, ING e Barclays, em São Paulo e Nova York. Minha experiência combina visão estratégica e abordagem humanizada, auxiliando famílias na tomada de decisões, na gestão patrimonial e na construção de legados sólidos.

cacosantos_cfp

cacosantos-cfp

www.cacosantos.com.br

NA VOLTA A GENTE **COMPRA**

4

ALIANÇA FAMILIAR: UNIDOS PARA REALIZAR SONHOS

Por Caco Santos, CFP®

Imagine um homem e uma mulher sentados à mesa, numa bela sala de reunião bem decorada e com uma bonita vista para a cidade, onde conversam com seu recém-contratado planejador financeiro. Eles são casados, têm dois filhos, casa própria e uma boa renda familiar. Já discutiram orçamento, discorreram sobre patrimônio, investimentos e dívidas. Falaram sobre a família, os filhos e os pais, que eventualmente precisarão de ajuda, inclusive financeira. Um papo aberto, franco, por vezes até emocionado.

O planejador conduz a conversa com tranquilidade, questionando com interesse todos os temas, sem julgar o que está sendo contado. Em determinado momento, seguindo seu roteiro, faz perguntas sobre as pretensões do casal: "O que planejam para o futuro?", "Como imaginam viver quando tiverem 70, 75 anos?", "Pretendem morar onde e fazer que tipo de atividades durante o dia?".

Sem pestanejar, o homem olha orgulhosamente para sua mulher e vira-se para o planejador: "Quando estiver nessa idade, pretendo que nosso patrimônio já esteja consolidado e rendendo o necessário para vivermos confortavelmente no interior. Mas não quero ficar parado, quero ter alguma ocupação por lá que me dê prazer e pague o suficiente para bancar nossos luxos. Talvez prestar consultorias na minha área, mercado que ainda não está consolidado no interior, ou até ser diretor de uma multinacional na região. Minha ideia é termos uma vida mais pacata e tranquila, que consigamos morar bem e receber nossos filhos e netos. Não é, meu amor?".

Dito isso, o homem vira-se para a mulher, certo de receber aprovação para um sonho tão maravilhoso, e recebe a seguinte resposta: "Acho lindo tudo que você falou e, realmente, espero que conquistemos toda essa liberdade financeira. Mas, essa parte de morar no interior, pode esquecer! Não saio da capital nem amarrada!".

Foi então que se deram conta de que, apesar de estarem juntos há mais de uma década, de terem passado por altos e baixos (como acontece em qualquer relacionamento) e de criarem os filhos de acordo com os valores que tinham em comum, jamais haviam conversado sobre o futuro em comum. O sonho do homem era incompatível com o sonho da mulher.

Ainda que, depois disso, tenham conseguido compatibilizar a questão de morar ou não no interior, ficou evidente que não conversavam sobre os desejos que envolviam as finanças do casal. Não importava se o plano era de curto, médio ou longo prazo — o que ficava visível era o desejo de apenas uma das partes (o do homem, neste caso), que acabava tomando as decisões financeiras pelos dois.

Isso gerava frustrações e desgastes. A troca do carro, por exemplo, foi um dos pontos debatidos no planejamento. Felizmente, em vez de assumirem dívidas desnecessárias, eles entraram em consenso e adiaram a troca para dali a três anos, com o compromisso de cada um guardar mensalmente o valor equivalente a uma parcela do financiamento. Foi uma decisão racional, mas que levou tempo para ser digerida emocionalmente por um dos cônjuges.

Esse caso, no entanto, está longe de ser uma exceção. Casais e famílias, em geral, não têm o hábito de conversar sobre dinheiro ou fazer planos de longo prazo, e isso afeta diretamente o relacionamento. Segundo um estudo recente, 52% dos brasileiros consideram que a situação financeira tem relação direta com a vida amorosa (Serasa, 2023). Existe um mito de que falar sobre dinheiro desgasta a relação, quando a verdade é exatamente oposta a essa crença. Muitas famílias evitam falar sobre o assunto até o problema explodir, causando ainda mais problemas. É importante entender que, na verdade, o dinheiro é apenas uma ferramenta. E, como qualquer ferramenta, pode servir para construir ou para destruir — dependendo de como é utilizada.

Em qualquer tipo de relação, a comunicação é essencial para alinhar as expectativas das partes envolvidas. Para isso, o primeiro passo é abrir o jogo. Um casal que sonha junto precisa saber onde está pisando. Isso significa falar sobre renda, dívidas, hábitos de consumo, medos e até traumas financeiros. Sem julgamentos. Uma conversa sincera, com perguntas como: "O que você deseja para a gente nos próximos cinco anos?" ou "Quais gastos você considera essenciais e quais podemos repensar?".

Entretanto, como fazer isso na prática? Afinal, se é desconfortável, a tendência é procrastinar. Uma maneira encontrada para ajudar as famílias que atendo é tratar o assunto de forma profissional. Não apenas me incluindo nas conversas como mediador, mas também criando a oportunidade de falar sobre isso com alguma regularidade. Não inventei nada, apenas me inspirei no que as boas empresas já fazem.

Comecemos pelo macro: qual é a sua visão e os seus valores? O que é importante considerar para o futuro? É justamente nesse momento que cabe fazer as perguntas propostas no começo do texto: "O que planejam para o futuro?", "Como imaginam viver quando tiverem 70, 75 anos?", "Pretendem morar onde e fazer que tipo de atividades durante o dia?". Uma conversa como essa deve ser feita com tempo e paciência, e é preciso ter em mente que as respostas nem sempre surgem em uma única reunião. É fundamental que os objetivos sejam bem pensados, pois serão o norte do planejamento, ou seja, onde se deseja chegar. É importante considerar se o casal estará morando no interior ou na capital, o padrão de vida que pretendem ter, o tipo de moradia e de carro que desejam ter e como estarão seus filhos.

Conversas como essas fluem melhor quando há um clima de escuta harmonioso, sem disputas. Não se trata de apontar quem gasta mais ou quem tem razão, mas de ouvir com interesse o que é importante para cada um, o que faz sentido para a família e o que faz sentido individualmente. As diferenças podem ser conciliadas quando ambos estão dispostos a ceder um pouco. Dessa maneira, os sonhos começam a se alinhar, até que o casal encontre os pontos em comum e não haja mais divergências instransponíveis.

Recomendo incluir os filhos nessas discussões. Conheço um casal que sonhava em mandar o filho ao exterior para estudar. Para isso, fizeram sacrifícios, guardaram dinheiro por muitos anos e investiram tempo para entender como funcionava o processo de ingresso em uma universidade dos Estados Unidos, além do programa de bolsas. Pesquisaram tudo o que era preciso, menos a vontade do filho. Ele queria seguir carreira no Brasil e continuar perto de sua namorada e de seus amigos. Estudar no exterior nunca foi um sonho dele. Nesse caso, os pais saíram no lucro, uma vez que o dinheiro investido em um projeto que não se concretizaria foi destinado à realização de outro sonho do casal.

Tendo debatido esse assunto em família e definido, em conjunto, o "norte", partimos para o planejamento estratégico. Vamos colocar no papel os objetivos e as metas de longo prazo, que devem ser mensuráveis e direcionadas à meta estabelecida. Se o casal decidiu que sua vida será na capital, a aquisição de um imóvel no interior só fará sentido se for para lazer. Assim como nas empresas, esse debate familiar para o planejamento estratégico costuma ocorrer uma ou, no máximo, duas vezes ao ano. É extremamente importante que a família, dependendo da idade dos filhos, dedique esse tempo para repensar se os objetivos continuam os mesmos ou se é necessário fazer realinhamentos.

Esses objetivos de longo prazo, uma vez traçados e mensurados, servirão como pilares para traçar o planejamento de curto prazo, considerando que o longo prazo nada mais é do que uma corrente de curtos prazos interconectados. É preciso estabelecer os objetivos a serem alcançados nos próximos dois a três anos, bem como as metas intermediárias, para que as mais longas, a serem cumpridas em cinco ou seis anos, também sejam realizadas.

Com os sonhos definidos e as expectativas alinhadas, entra em cena o planejamento financeiro. Aqui não há milagre, e sim método.

- Colocamos tudo no papel. Listamos os sonhos e estimamos os custos de cada um. Quanto custa a viagem em família, a reforma da casa, a troca do carro? Ter os números em vista ajuda a transformar o sonho em projeto. É o "quanto".
- Criamos metas com prazos. Não adianta considerar como meta para um dia indefinido. É preciso estabelecer datas, definir "quando" ocorrerá. Isso traz foco e senso de urgência.
- Calculamos o tamanho do esforço necessário para realizar os projetos e adequá-los à realidade, ou seja, descobrimos o "quanto" e o "quando". Desejam viajar para Paris daqui a dois anos e isso custará 12 mil euros? dividam esse valor pelo número de meses até a viagem e vejam que será necessário economizar 500 euros por mês.
- Dividimos responsabilidades. Quem será o responsável por pesquisar e refinar os custos? Quem acompanhará o orçamento mensal? Quem cuidará dos investimentos? A divisão não precisa ser igualitária, mas deve ser justa e respeitar as habilidades de cada um. Isso mantém o engajamento de todos os envolvidos e faz com que seja possível curtir o caminho, não apenas o destino.
- Estabelecemos um sistema de controle. Pode ser uma planilha, um aplicativo ou até um caderno. O importante é acompanhar a evolução.
- Comemoramos os avanços. Guardaram os primeiros 3 mil euros para a viagem? Festejem. Não precisa ser com champanhe nem nada caro, mas é importante reconhecer o esforço. O reforço positivo motiva todos a continuar.

Um casal e seus dois filhos adolescentes tinham um sonho ambicioso: passar seis meses viajando de *motor home* pela América do Norte. No começo, parecia coisa de filme. Mas, em vez de descartar a ideia, sentaram-se para conversar. Descobriram que todos estavam dispostos a abrir mão de algumas coisas: reduziram os gastos com lazer, venderam um carro e começaram a investir com base em objetivos bem definidos. Cada um ficou responsável por algo: o marido estudava roteiros e logística; a esposa cuidava da parte financeira; e os filhos entraram no jogo, auxiliando na economia doméstica e trabalhando para aumentar a renda familiar.

Quatro anos depois, embarcaram para a tão sonhada aventura. Não foi fácil, mas teve um sabor especial. E esse tipo de conquista muda o jeito de ver o mundo e de ver e sentir a família. Não foi só a viagem que os uniu, mas também os quatro anos de trabalho em prol do sonho que compartilhavam e o senso de missão cumprida.

Planejar sonhos em conjunto não é apenas uma questão de dinheiro, é parceria, cumplicidade e confiança. É saber falar e ouvir com respeito, debater e direcionar o foco para o que se deseja. É um exercício de amadurecimento emocional e relacional. E, quanto mais a família se envolve, mais forte ela se torna.

Sonhar sozinho é bom, mas sonhar em família é o que transforma uma casa em um lar. É o que faz o caminho valer a pena, transformando cada sonho realizado em uma oportunidade de crescimento pessoal e de construção de repertório para uma vida — inclusive financeira — mais saudável, consciente e longeva.

BIBLIOGRAFIA

SERASA. Seis em cada dez casais brasileiros fazem o controle mensal das finanças. *Serasa Imprensa*, jun. 2023. Disponível em: https://www.serasa.com.br/imprensa/seis-em-cada-dez-casais-brasileiros-fazem-o-controle-mensal-das-financas/. Acesso em: 28 maio 2025.

"Sonhar em família é um exercício de parceria, cumplicidade e confiança. É o que transforma uma casa em um lar."

Caco Santos, CFP®

Que ensinamentos este capítulo trouxe para sua vida e suas finanças?

CARLOS CASTRO

Meu nome é Carlos Castro e nasci em São Paulo/SP. Sou fundador e CEO da plataforma de saúde financeira SuperRico, além de planejador financeiro certificado CFP®, especialista em saúde financeira e engenheiro, com pós-graduação em Administração e Marketing pela Fundação Getulio Vargas (FGV) e em Finanças pelo Insper. Também sou especialista em Negócios Internacionais pelo Massachusetts Institute of Technology (MIT) e Exponencial Thinker pela Singularity University. Sou membro do G100, grupo de estudos dedicado ao desenvolvimento econômico do Brasil, e contribuo nas comissões da Planejar (Associação Brasileira de Planejamento Financeiro), em que também atuo em projetos *pro bono*.

carloscastro.cfp
carlos1castro
carlos.castro@superrico.com.br
www.superrico.com.br

NA VOLTA A GENTE **COMPRA**

5

OS QUATRO CICLOS DA SAÚDE FINANCEIRA NA VIDA DA FAMÍLIA

Por Carlos Castro

É dentro de casa que os efeitos da desorganização financeira mais se revelam: discussões frequentes, culpa, ansiedade, distanciamento entre o casal, sobrecarga emocional. Muitos conflitos familiares não nascem da falta de afeto, mas da pressão constante provocada por contas que não fecham, dívidas acumuladas, imprevistos sem cobertura e expectativas frustradas por um estilo de vida insustentável.

Quando o dinheiro se torna um tabu, os diálogos viram cobranças e o medo de não dar conta paralisa as decisões. Há filhos que crescem em ambientes tensos, mesmo quando não falta comida nem teto — porque o que falta, na verdade, é tranquilidade. E há casais que se afastam, não por falta de amor, mas por excesso de estresse.

A boa notícia é que essa realidade pode ser mudada. Não com promessas mágicas ou fórmulas prontas, mas com planejamento financeiro. Planejar não é apenas multiplicar recursos ou cortar gastos. É preservar aquilo que temos de mais valioso: qualidade de vida, vínculos familiares e tranquilidade emocional.

No Brasil, onde o consumo é, em geral, financiado por meio de crédito e a renda costuma ser menor do que o custo de vida, o impacto do dinheiro (ou da falta dele) na dinâmica familiar é significativo.

Em muitas famílias, o descontrole financeiro tornou-se a nova normalidade: o cartão de crédito virou extensão da renda e o parcelamento é regra. O salário dura pouco na conta e os boletos não param de chegar. Esse cenário gera um ambiente de tensão que perpassa as contas e atinge a saúde mental de todos os membros. As discussões sobre dinheiro tornam-se recorrentes, os filhos percebem o clima, o casal começa a se distanciar e o lar, que deveria ser espaço de refúgio, passa a ser fonte de estresse.

Para quebrar esse ciclo é preciso mais do que técnica. É preciso consciência, disciplina emocional e um novo modo de pensar. Pensando nisso, este capítulo foi organizado com base nos quatro ciclos do planejamento financeiro que estruturam o caminho da saúde financeira pessoal e familiar: resiliência, equilíbrio, inteligência e segurança.

1. Resiliência financeira: esteja preparado para imprevistos

Nenhum plano financeiro sobrevive sem uma base sólida — e essa base é a proteção. O primeiro passo para cuidar das finanças em família é blindar-se contra os imprevistos, como doenças, desemprego ou acidentes.

A resiliência financeira parte de duas frentes: reserva de emergência e seguros de proteção em vida. A primeira garante liquidez para imprevistos, e a segunda assegura que, mesmo diante da interrupção de renda, a estrutura familiar não colapse. Essa segurança reduz a dependência do crédito, protege o fluxo de caixa e — o mais importante — traz alívio emocional. Assim, o casal dorme melhor, as decisões são tomadas com menos desespero e o clima em casa melhora.

Ter reserva financeira e seguros reduz o impacto emocional das crises e possibilita manter a racionalidade mesmo diante de imprevistos. Estar preparado é garantir que um problema pontual não se transforme em uma crise duradoura. Trata-se de transformar preocupação em paz.

2. **Equilíbrio financeiro: viva dentro de suas possibilidades**

Com a base de proteção construída, é chegado o momento de ajustar o fluxo de caixa e buscar equilíbrio. É nesse ciclo que a maioria das famílias tropeça, porque exige encarar a realidade com honestidade e disciplina.

Saber quanto entra, quanto sai e para onde vai o dinheiro é o mínimo de informação que precisamos ter. O equilíbrio vai além: exige que as escolhas financeiras estejam alinhadas com os valores e os objetivos familiares. A tentação de consumir por *status*, para alimentar o ego ou por impulso não desaparece, ela só muda de roupa. O celular novo pede o fone novo, que pede o plano novo, que pede mais trabalho para sustentar tudo isso.

Esse ciclo de consumo excessivo, que desequilibra o orçamento familiar, tem uma explicação comportamental conhecida como Efeito Diderot. O termo vem do filósofo francês Denis Diderot, que, ao ganhar um roupão luxuoso, percebeu que ele não combinava com o restante de seus pertences e começou a substituí-los (Diderot, 2005). Ou seja, um simples presente desencadeou uma onda de gastos. Esse efeito mostra como uma única aquisição pode gerar um efeito cascata, em razão da busca por coerência estética ou simbólica. É o tipo de comportamento que drena recursos e desequilibra famílias inteiras sem que elas percebam.

É aqui que entra o conceito de mente próspera. Mais do que querer mais, é importante entender por que queremos. Precisamos aprender a viver de forma coerente com nossas possibilidades e a construir uma vida de acordo com o que realmente importa. Reduzir o ruído, cortar excessos, escolher com consciência. Isso é equilíbrio. E equilíbrio gera tranquilidade.

Na prática, o orçamento familiar precisa refletir três dimensões:

- **o essencial** – moradia, alimentação, transporte;
- **o social** – lazer, vínculos, experiências;
- **a autorrealização** – projetos, investimentos, liberdade.

Se tudo é classificado como essencial, não há espaço para outras categorias. E, sem espaço para o futuro, a vida vira uma corrida de sobrevivência. Planejar é, portanto, reequilibrar o que está desequilibrado. E, nesse processo, a família aprende a conversar, negociar e caminhar junto.

Viver um pouco abaixo do seu potencial de consumo cria espaço para poupar, investir e viver com liberdade. A liberdade financeira começa quando você domina seus impulsos e vive de acordo com o que realmente valoriza.

3. **Inteligência financeira: invista para viver bem a vida toda**

Quando o fluxo de caixa já respira, é hora de fazer o dinheiro trabalhar. Mas trabalhar com propósito.

Investir não é só aplicar recursos; é construir uma ponte entre o hoje e o futuro. É garantir que não apenas o presente seja confortável, mas também a velhice. Afinal, se tudo der certo, vamos envelhecer, e a maior prova de amor à nossa própria história é planejar esse amanhã.

Investir com inteligência exige compreender horizontes de tempo:

- **curto prazo**: liquidez para emergências.
- **médio prazo**: projetos de vida, como educação dos filhos, mudança de residência, viagens.
- **longo prazo**: independência financeira e aposentadoria.

Essa organização permite viver bem hoje sem sacrificar o amanhã.

Investir com consciência é uma forma de organizar o dinheiro e a mente, de tirar o peso da insegurança e abrir espaço para sonhos que, quando compartilhados em família, fortalecem o vínculo e inspiram o propósito coletivo.

Investir com inteligência é essencial para preservar o poder de escolha. Quem investe com propósito não vive refém do futuro: constrói, aos poucos, uma liberdade financeira alinhada com seus valores e com a vida que deseja viver.

4. **Segurança financeira: mantenha o que foi conquistado**

O último ciclo é o da preservação. Quando o patrimônio começa a crescer, surgem novos desafios: tributação, sucessão, blindagem. A segurança financeira é a arte e a técnica de proteger o patrimônio.

Nesse ponto, o planejamento precisa ser ainda mais pessoal. É aqui que entram o testamento, a previdência privada, a revisão periódica da carteira de investimentos e o planejamento para a transmissão de bens. Não se trata apenas de preservar a riqueza, mas de evitar que ela se torne fonte de conflito ou instabilidade familiar.

Quando o patrimônio cresce, o ego pode querer tomar o controle — querer mais, mostrar mais, provar mais —, mas um planejamento eficiente reconhece o que é o suficiente. E o suficiente é o ponto em que o dinheiro cumpre seu papel: viabiliza o bem-estar, a liberdade e a realização. Muitas vezes, mais do que isso só serve para complicar.

Proteger o que foi construído é também proteger a paz. O dinheiro deve servir à família, nunca o contrário.

Segurança é sobre evitar perdas, é sobre dar outros sentidos àquilo que foi conquistado. A aposentadoria, por exemplo, pode ser um novo ciclo de liberdade e deve ser planejada com intencionalidade, não com medo.

Conclusão: riqueza é o que você não precisa ter

Somos educados para acreditar que riqueza é o acúmulo de bens ao longo da vida, e seguimos atrás de mais bens, mais *status*, mais conquistas. Entretanto, talvez a verdadeira liberdade esteja em outro lugar: na compreensão do que é suficiente. Quando você sabe o que realmente importa, o dinheiro volta a ocupar o lugar de ferramenta e deixa de ser uma fonte de tensão constante. A riqueza não está em ter muito, mas em não precisar de tanto para se sentir completo, em ver valor no que se tem, em viver em coerência com os próprios princípios e em conquistar a paz antes de conquistar coisas.

Ao longo deste capítulo, vimos que a saúde financeira é construída com base em quatro ciclos:

1. **resiliência financeira**: proteger-se do inesperado para manter a estabilidade e evitar o endividamento;

2. **equilíbrio financeiro**: organizar o orçamento com disciplina;
3. **inteligência financeira**: investir para construir patrimônio;
4. **segurança financeira**: proteger o que foi construído para garantir continuidade.

Esses ciclos, no entanto, não são receitas prontas. São estruturas para orientar uma jornada que começa nos valores, nas intenções, **no propósito da família**.

Nenhum planejamento financeiro ganha vida sem a definição clara de um **propósito**. É o propósito que transforma o orçamento em projeto, que mantém a constância quando o entusiasmo passa, que orienta as escolhas diante das dúvidas. Definir um propósito claro é o que tira o planejamento do papel e transforma intenção em ação. O dinheiro que traz bem-estar é o mesmo que viabiliza a vida que você quer viver, e não o dinheiro que obriga você a viver uma vida que não faz sentido.

A verdadeira prosperidade é emocional, relacional e espiritual. É dormir em paz, ter conversas honestas, saber que seu dinheiro está alinhado com quem você é.

E tudo isso começa por uma simples pergunta: "O que realmente importa para mim?".

Esse é o seu ponto de partida. Seu orçamento, seus investimentos, suas metas, tudo deve girar em torno dessa resposta, do seu propósito.

BIBLIOGRAFIA

DIDEROT, D. Regrets for my Old Dressing Gown, or A Warning to Those Who Have More Taste Than Fortune. Tradução de Mitchell Abidor. *Marxists.Org*, 2005. Disponível em: https://www.marxists.org/reference/archive/diderot/1769/regrets.htm. Acesso em: 27 maio 2025.

“Ter uma mente próspera é entender que riqueza não está em ter mais, mas em precisar de menos.”

Carlos Castro

Que ensinamentos este capítulo trouxe para sua vida e suas finanças?

CAROLINA GRABNER REIS

Meu nome é Carolina Grabner Reis, também conhecida como Carol. Nasci em Foz do Iguaçu/PR e vivo com meu marido, Marcus, e nossos dois aprendizes de finanças: Gabriela (10 anos) e Vinícius (6 anos). Meus pais, Carlos Donato e Valeria, meus irmãos, Thiago e Mariana, e meu sobrinho, Otto, também foram essenciais na minha trajetória, pois me ajudaram a moldar quem sou.

Formada em Engenharia de Alimentos pela Unicamp e apaixonada por educação financeira, minha jornada começou aos 7 anos, quando recebi minha primeira mesada.

Acredito que ensinar as crianças a lidar com dinheiro é um investimento para a vida. Com teoria e prática, é possível ajudar outras famílias a transformarem o dinheiro em um aliado na educação dos filhos.

carolinagrabner
Carolina Grabner Reis
carol_g_reis@yahoo.com.br

NA VOLTA A GENTE **COMPRA**

6

MESADA INTELIGENTE PARA CRIANÇAS

Por Carolina Grabner Reis

Desde pequena, eu desejava realizar muitos sonhos, a maioria pagos, nascendo, assim, meu interesse pelo dinheiro. Lembro-me do dia em que recebi a primeira mesada, dada pelos meus pais, e, com ela, a responsabilidade de decidir como usá-la. Um momento simples, mas que trouxe um grande aprendizado. Ali comecei a entender que dinheiro não era só para gastar, mas também para poupar. Mais tarde, aprendi que era possível investir e ajudar outras pessoas. Agora, como mãe da Gabriela e do Vinicius, percebo o quanto essa educação financeira na infância faz diferença. Desejo que meus filhos — e outras crianças — cresçam tendo uma relação saudável com o dinheiro (Cerbasi, 2019).

A mesada inteligente é um modo simples, prático e divertido de ensinar as crianças a administrar recursos e entender o valor de suas escolhas. Neste capítulo, compartilho a experiência que tive ajudando a transformar a mesada em uma ferramenta de aprendizado.

De onde vem o dinheiro?

É importante que a criança entenda que o dinheiro não vem apenas do trabalho (recebimento de salário e transações comerciais), mas também de investimentos e rendas passivas (aplicações financeiras, aluguéis de imóveis e direitos autorais). Para ensinar isso, use exemplos práticos: o professor ensina e recebe salário, o sorveteiro vende e ganha dinheiro.

É fundamental apresentar o conceito de renda passiva, raramente ensinado para as crianças, e é possível explicar isso de um jeito lúdico: "Investir é como plantar uma semente. Com o tempo e cuidados, ela vira uma árvore com frutos. Do mesmo modo, o dinheiro investido cresce e gera mais dinheiro com o tempo". Assim, a criança aprende que o dinheiro pode "trabalhar" para ela no futuro, e não apenas significar mesada, trocas comerciais e salário (Aquino, 2014).

A diferença entre necessidade e desejo

Imagine que você está com seu filho em uma loja, e ele precisa decidir entre comprar sapatos novos ou um brinquedo recém-lançado. A primeira escolha representa uma necessidade; a segunda, um desejo. Ensinar essa diferença às crianças possibilita que tomem decisões conscientes e evitem comprar por impulso. Logo, antes de comprar, pergunte para a criança: "Você precisa disso ou só quer porque parece legal?". Esse hábito ajuda a desenvolver um olhar mais crítico sobre os gastos e promove responsabilidade desde a infância (Aquino, 2014).

O valor do dinheiro e a importância de ensinar desde cedo

O dinheiro tem valor não só pelo que pode comprar, mas por representar esforço e favorecer escolhas. Ensinar a criança a administrar a mesada é prepará-la para o futuro. Quando aprendemos desde cedo a economizar, planejar e investir, lidamos melhor com o dinheiro ao longo da vida.

Muitas crianças imaginam que o dinheiro simplesmente "aparece" quando os pais pagam por algo, e é por isso que convido você a explicar esses conceitos desde já. Compreender a importância de guardar parte da mesada e buscar formas de fazer o dinheiro render permite à criança desenvolver responsabilidade e alcançar mais liberdade financeira. Isso favorece hábitos saudáveis desde cedo. Afinal, quem aprende hoje a cuidar do dinheiro terá mais segurança e liberdade amanhã.

A mesada inteligente é uma maneira de ensinar as crianças a administrar o dinheiro de maneira responsável e estratégica. Diferente da simples entrega de um valor fixo para gastos livres, a mesada inteligente envolve planejamento, divisão do dinheiro para diferentes objetivos, estratégia, escolhas conscientes e educação financeira (Domingos, 2021).

Principais características da mesada inteligente

- **Divisão equilibrada**: o dinheiro recebido pode ser separado em partes, como gastos imediatos, aplicações e doações.
- **Planejamento**: a criança aprende a definir metas e a economizar para atingir seus objetivos.
- **Autonomia financeira**: ensina a tomar decisões conscientes sobre o uso do dinheiro desde a infância.
- **Valor educativo**: desenvolve noções de economia, consumo consciente e investimentos.

Como estruturar o uso da mesada

Em casa, utilizo três envelopes com cores diferentes, um para cada estratégia: **gastar**, **investir** e **doar**, com a descrição dos objetivos de cada ação. Assim que meus filhos recebem a mesada, eles separam os respectivos valores e os guardam nos envelopes.

Uma possível divisão da mesada é destinar:

- 60% para gastos: oriente a criança a usar esse dinheiro para comprar o que deseja agora. O objetivo é ensiná-la a priorizar tanto os desejos quanto as necessidades, desenvolvendo o pensamento crítico e a gestão de impulsos.

- 30% para investir: ensine a criança a guardar uma parte do dinheiro para usar no futuro. Isso vai ajudá-la a pensar em longo prazo e a desenvolver disciplina financeira. Sugiro que abra uma conta bancária em nome da criança para que ela possa visualizar os rendimentos no contexto dos investimentos. Costumo levar meus filhos ao banco a cada três meses para que depositem o dinheiro destinado a investimentos no caixa eletrônico.
- 10% para doações: encoraje a criança a doar parte do que recebe para ajudar causas sociais importantes para ela. Isso fortalece a empatia e a responsabilidade social, mostrando que o dinheiro também pode ser usado para fazer bem a outras pessoas.

É importante ressaltar que essas proporções podem ser ajustadas conforme a idade e os objetivos da criança. Além disso, é muito importante incentivar os filhos a escolher como pretendem distribuir os valores entre os envelopes. Desse modo, eles aprendem a lidar com o próprio orçamento e passam a entender as consequências de suas escolhas financeiras (Aquino, 2014).

Clareza sobre responsabilidades

Saber quem paga o quê ajuda a administrar a mesada e evita conflitos.

1. Gastos dos pais com cuidados e necessidades básicas:

- alimentação (refeições, lanche escolar previamente combinado);
- educação (mensalidade, material escolar, livros);
- transporte (escolar ou público);
- saúde (remédios, consultas, plano de saúde);
- roupas, calçados e itens de higiene pessoal;
- atividades extracurriculares (inglês, música, esportes etc.).

2. Responsabilidades dos pais:

- definir o valor da mesada de acordo com a idade da criança e a renda familiar;
- estabelecer a frequência adequada (semanal para crianças menores; mensal para as maiores);
- ensinar a planejar os gastos (como gastar, economizar e doar);
- respeitar os limites da mesada (evitar "completar" valores);
- dialogar com abertura, sem impor controle excessivo;
- dar o exemplo por meio de atitudes financeiras saudáveis.

3. Gastos das crianças (consumo pessoal e lazer):

- lanches extras e doces;
- brinquedos, jogos e livros pessoais;
- acessórios e itens de moda;
- ingressos (cinema, parques, eventos etc.).

4. Responsabilidades dos filhos:

- planejar o uso da mesada (destinar valores para gastos, investimentos e doações);
- não gastar todo o valor de uma vez;
- economizar para realizar compras maiores no futuro;
- aceitar as consequências de suas escolhas financeiras;
- tirar dúvidas e conversar com os responsáveis sempre que necessário.

Reforço que não se deve pagar valores extras por tarefas que são de responsabilidade da criança, como arrumar a cama, e que não é recomendável completar o valor da mesada quando ela pedir, uma vez que essas atitudes podem comprometer o aprendizado sobre como administrar o próprio dinheiro (Aquino, 2014).

Em casa, incentivo meus filhos a pesquisar preços, esperar a próxima mesada e nunca empresto dinheiro. Isso os ajuda a evitar o hábito de viver de dívidas. Quando o que desejam é mais caro, explico que pode ser negociado como presente de aniversário ou de Natal, por exemplo. Repito sempre: “Se não tem dinheiro, não compra”.

Entender o valor do dinheiro e aprender a usá-lo com responsabilidade são pontos fundamentais para o sucesso da mesada inteligente. O valor ideal deve ser compatível com a idade e a maturidade da criança. Além de possibilitar pequenas compras, a quantia deve promover o aprendizado sobre limites, planejamento e escolhas, favorecendo uma relação mais consciente com os desafios financeiros do presente e do futuro.

Valor de mesada sugerido e frequência de acordo com a idade

Idade	Frequência	Valor sugerido	Ensinamento
4-7	Semanal	R$ 5 a R$ 10	Introdução ao uso do dinheiro
8-10	Quinzenal	R$ 15 a R$ 30	Metas e planejamento
11-13	Mensal	R$ 35 a R$ 80	Autonomia e controle de gastos

O valor da mesada também deve balancear responsabilidade e liberdade. Ao dar uma quantia, você oferece ao seu filho a oportunidade de aprender a administrar o que recebe, tomar decisões sobre como gastar, poupar e doar.

Erros financeiros fazem parte do processo. Se a criança gastar tudo de uma vez, não encare como um fracasso, mas como uma oportunidade para ensiná-la. Explique as consequências, fale sobre planejamento e ajude-a a criar um plano para o futuro. Cada erro é uma oportunidade de fortalecer a responsabilidade e a autossuficiência. O lema é o aprendizado constante, e o foco é ensinar sobre responsabilidade financeira de maneira tranquila e prática. Cada erro é um passo para o sucesso. A mesada inteligente não exige perfeição, mas sim consciência e evolução.

Agora, convido você a refletir: como está a educação financeira de sua família? E como você pode transformar a aprendizagem sobre finanças em uma experiência positiva e educativa para seus filhos? Cada passo conta e fará diferença no futuro financeiro e pessoal deles.

Ensinar isso aos filhos é, sobretudo, prepará-los para que tomem decisões conscientes e responsáveis ao longo da vida (Cerbasi, 2019). Como pais, temos a missão de guiá-los para que cresçam conscientes de suas finanças, aprendam a enxergar o mundo com criticidade e se relacionem com mais responsabilidade na sociedade. Não se trata apenas de dar dinheiro para o seu filho, mas de criar espaço para que ele aprenda a lidar com as finanças, assumindo responsabilidades e refletindo sobre suas decisões.

A mesada inteligente é uma maneira simples e efetiva de ensinar aos filhos o valor do dinheiro e as consequências de suas escolhas. Portanto, esse é um investimento no futuro, não apenas no aspecto financeiro, mas também no que diz respeito ao caráter, à responsabilidade e à empatia. É uma oportunidade de ensinar que o dinheiro é uma ferramenta e, como tal, precisa ser utilizada com sabedoria. Quanto mais cedo esse processo começar, mais preparadas as crianças estarão para enfrentar um mundo cada vez mais complexo e exigente.

BIBLIOGRAFIA

CERBASI, G. *Pais inteligentes enriquecem seus filhos.* Rio de Janeiro: Sextante, 2019.

DOMINGOS, R. *Mesada não é só dinheiro.* São Paulo: DSOP, 2021.

AQUINO, C. *Como falar de dinheiro com seu filho.* São Paulo: Editora Benvirá, 2014.

“Mais do que apenas dar dinheiro, a mesada representa um investimento que ensina valor e dá liberdade para fazer escolhas inteligentes durante toda a vida.”

Carolina Grabner Reis

Que ensinamentos este capítulo trouxe para sua vida e suas finanças?

CAROLINE PERUSSATTO

Meu nome é Caroline Perussatto, nasci em Porto Alegre/RS, sou casada e mãe de gêmeas nascidas em São Paulo. Graduada em Gestão de Pessoas e Gestão de Finanças e Investimentos para Organizações, especialista em planejamento financeiro certificada por Gustavo Cerbasi. Mais do que títulos, carrego comigo a paixão por aprender e evoluir constantemente.

Ao longo dos anos, tenho ajudado famílias a reencontrar o caminho, da mesma forma que fiz com a minha. Centenas de vidas foram transformadas nos atendimentos personalizados e treinamentos em grupo. Essas histórias reforçam a verdade que me guia: a educação financeira é uma ponte que liga a realidade à vida tão sonhada, trazendo liberdade e poder de escolha, com consciência, inteligência e coragem.

gestaofinanceira.lojavirtualnuvem.com.br

conquistesuariqueza

NA VOLTA A GENTE **COMPRA**

7

PLANEJAMENTO PARA GRANDES AQUISIÇÕES

Por Caroline Perussatto

Era uma vez uma família feliz que morava em um bairro modesto da cidade. Essa família tinha muitos sonhos — um deles era morar em uma casa maior, com mais espaço para os filhos e os animais de estimação. Um dia, descobriram que a família iria aumentar, o que acendeu ainda mais o desejo de se mudar para uma casa em um bairro mais estruturado, com boas escolas e melhor qualidade de vida.

O casal levava uma vida simples e costumava sair para caminhar no final do dia. Em um desses passeios, depararam-se com um anúncio de lançamento de um empreendimento exatamente no bairro onde sempre desejaram morar. Quando viram que a parcela do imóvel cabia no orçamento e que o padrão de moradia se encaixava perfeitamente no que estavam buscando, viram a oportunidade como um sinal: era o momento de dar esse salto.

O sonho, então, começou a se concretizar. O empreendimento ficou pronto e, com a entrega do imóvel, veio o choque de realidade: o valor do financiamento. A parcela, antes acessível — pois considerava apenas o valor da entrada —, agora mais que dobrava, comprometendo uma parte significativa da renda familiar. Eles não estavam preparados para isso. Embora soubessem que haveria outros custos, como acabamento, móveis e decoração, não fizeram um planejamento real, e o que parecia uma conquista virou motivo de angústia.

Eu poderia ter começado este capítulo apresentando a fórmula ideal para planejar uma grande aquisição: $F = P.(1+i)^n$, que indica que o futuro do seu patrimônio é o presente multiplicado pelos rendimentos acumulados ao longo do tempo. É uma ferramenta útil para calcular os limites e evitar passos maiores do que se pode dar, mas há um problema nela: essa fórmula é exata. Sendo assim, não considera o comportamento humano, os sentimentos, o medo, a ansiedade e as mudanças inesperadas que enfrentamos ao longo da vida. Tampouco presume o que realmente importa: o significado da conquista e o que ela representa para você. Por isso, é necessário ir além de cálculos e simulações. É preciso ter clareza do que se deseja conquistar e enxergar além do objeto de desejo, pois a verdadeira riqueza não está no bem adquirido, mas no que ele proporciona.

Para que uma grande conquista não se transforme em sofrimento, provocando um desajuste na família, é necessário se preparar. Mas como fazer isso de forma prática? A resposta é: com um planejamento consciente, que considere o real significado daquilo que se deseja e trace rotas possíveis.

Ao planejar com calma, sem agir por impulso, você entende melhor o que quer alcançar com a aquisição: liberdade? Segurança? Sucesso? Qualidade de vida? O planejamento permite identificar quando suas escolhas estão te aproximando ou te distanciando desse objetivo e, com isso, ajuda a ajustar a rota sem grandes obstáculos. Para isso, o principal item do planejamento é o tempo. Portanto, você e sua família vão precisar de tempo para mapear, calcular, simular, analisar, definir, executar e, além disso, para errar, corrigir os erros e ajustar o caminho, escolhendo a melhor direção. É esse tempo que vai assegurar que a conquista seja, de fato, motivo de alegria e satisfação, contribuindo para a evolução da família.

Você percebe que, ao desmembrar o planejamento, o cálculo financeiro é apenas uma parte do processo? Todas as etapas são importantes, mas, para obter um bom resultado, é preciso unir todas elas. Ou seja, além de considerar o valor que se encaixa atualmente no orçamento familiar, é preciso antecipar o futuro, prevendo cenários, abrindo espaço para imprevistos e levando em conta tudo aquilo que ainda não tem data definida para acontecer.

Para aprofundar o conhecimento, observe detalhadamente cada uma das etapas do planejamento.

1) Mapear as informações: tenha uma noção exata da situação financeira, de acordo com a realidade atual, para definir um plano de ação consistente e executável. Quanto mais informações você reunir, melhor. Embora essa seja uma etapa prática, ela também representa uma excelente oportunidade para conversar em família e conhecer os desejos de todos os envolvidos. Planejar em conjunto com quem vai usufruir da conquista com você fortalece o propósito e aumenta as chances de sucesso.

2) Calcular o valor total: com base no mapeamento, é hora de somar todos os custos e obter uma visão de longo prazo, e não apenas do que terá de pagar por mês. É importante compreender a dimensão do esforço e da dedicação necessários para elaborar uma estratégia que realmente beneficie a família no futuro, sem empurrar os problemas para frente e analisando os prováveis gastos extras, bem como os valores já comprometidos. Lembre-se de considerar todos os custos envolvidos, como juros, taxas, impostos, tarifas etc. e de reconhecer o esforço que a conquista exigirá.

3) Simular a compra como se você fosse efetuá-la hoje: essa etapa ajuda a ter clareza no processo e facilita o estabelecimento de um orçamento adequado, com limites e metas. Especialistas na área de construção e reformas consideram que, sem contar os móveis, os custos com piso, iluminação, aquecedores, eletrodomésticos, armários e outros itens necessários para tornar o imóvel habitável chegam a, pelo menos, 20% do valor do imóvel. É possível calcular esse custo com base em simulações de compra e de acordo com o que melhor se encaixa no padrão e no interesse da família. Essa etapa será mais eficaz se for realizada com bastante antecedência, permitindo acumular parte do valor até o momento da aquisição do imóvel e possibilitando o uso desse montante para negociar melhores condições na hora da compra, evitando dívidas.

4) Analisar o que a família busca com a aquisição, prestando atenção aos sentimentos, considerando ganhos ocultos e investigando os obstáculos. Refletir com profundidade ajudará a impulsionar a jornada e a manter o plano quando a vida for desafiadora, quando você achar que terá de esperar tempo demais ou for tentado a tomar decisões imediatistas que podem ser prejudiciais. Para alcançar essa clareza, é necessário fazer um mergulho interior: refletir bastante sobre o assunto e dividir os pensamentos com os membros da família por meio de conversas agradáveis, que contribuem muito para obter um direcionamento. É importante também escutar a opinião de todas as pessoas interessadas, incluindo as crianças (se houver), que podem contribuir com ideias e fazer recomendações interessantes. Essa etapa possibilita perceber que a satisfação não está apenas no objetivo, mas no processo, e compreender isso evita a frustração de perceber que se era mais feliz antes de conquistar aquilo que se desejava.

Além do núcleo familiar, observe também o momento econômico do país. Como está o comércio do bairro? E a situação econômica do seu estado e do país? A macroeconomia afeta diretamente o seu esforço financeiro. Por isso, estar atento aos ciclos econômicos pode ajudar a entender melhor o orçamento familiar. Existem fases da economia que favorecem mais ou menos as oportunidades e, ao estar informado, você será capaz de identificá-las com mais precisão.

5) Definir o plano de ação, de acordo com o prazo estipulado e o orçamento estabelecido. Agora que você tem as informações necessárias para planejar e clareza do que é capaz de fazer, é hora de organizar e incluir, na agenda e no orçamento familiar, as ações necessárias durante o tempo estipulado para a obtenção da aquisição planejada. É importante ter os valores definidos, escolher os investimentos adequados, criar o hábito de investir mensalmente em produtos com bom rendimento durante o período da aplicação, mas sem assumir riscos desnecessários, de modo que isso multiplique o esforço financeiro e aumente as chances de sucesso da estratégia escolhida.

Algumas perguntas podem auxiliar na condução do planejamento:

- Em quanto tempo pretendo realizar a compra?
- Onde vou guardar o dinheiro que estou economizando?
- Que valor devo destinar mensalmente para alcançar meu objetivo?
- Terei o valor total ou precisarei financiar?
- Qual é o risco de não atingir o objetivo definido?

Com o planejamento finalizado e pronto para ser executado, é hora de agir. Iniciar a estratégia com antecedência contribui para a eficiência, pois possibilita tempo para perceber erros, fazer os ajustes necessários e seguir em frente sem grandes impactos e prejuízos. Desse modo, o tempo investido no planejamento será recuperado ao estabelecer pequenas ações a serem efetuadas de forma constante e mantidas pelo tempo necessário, até que o objetivo seja alcançado.

O conhecimento que trago aqui foi testado e aprovado por muitas famílias, inclusive pela minha. Sei como é a decepção de fazer um esforço grandioso para conquistar um sonho e descobrir que, na verdade, a felicidade não estava lá. Passei por isso em 2018. Eu e minha família aprendemos da maneira mais difícil que nossa riqueza não estava no imóvel dos sonhos, e fizemos uma transformação radical. Por meio da educação financeira, passei a colher rapidamente os frutos dessa mudança. Desde então, minha jornada profissional é movida por um propósito: contribuir para a prosperidade das famílias brasileiras com o conhecimento, que é poderoso e libertador.

Já atendi muitas famílias com histórias semelhantes àquela que contei no início deste capítulo. São casos reais, marcados por decisões impulsivas que trouxeram frustração e peso para o núcleo familiar. Em todos eles, foi necessário unir cálculo e comportamento, realinhar expectativas e encontrar um caminho mais sustentável.

Tenho a certeza de que tudo poderia ser mais leve se houvesse a clareza sobre os impactos de cada decisão. Meu objetivo é ajudar você e sua família a prosperar com consciência, construindo uma vida rica com base no que realmente importa.

Se você teve dificuldades em alguma dessas etapas e deseja conquistar seu sonho sem comprometer sua tranquilidade, entre em contato comigo pelo Instagram. Terei prazer em ajudar você a alcançar riqueza com leveza e realização.

“Riqueza é escolher a vida que você quer ter.”

Caroline Perussatto

Que ensinamentos este capítulo trouxe para sua vida e suas finanças?

CHARLES LANDGRAF

Meu nome é Charles Landgraf e nasci em Campinas/SP. Sou casado com a Taiane, pai do Matteo e padrinho do Davi e do Henry — são eles que me lembram, todos os dias, do que realmente importa. Sou administrador, pós-graduado em Finanças, Investimentos e *Banking* pela Pontifícia Universidade Católica do Rio Grande do Sul (PUC-RS), especialista em investimentos (CEA), planejador financeiro pela Academia Serafin e mentor de planejadores. Tenho duas grandes paixões: pessoas e finanças. Pessoas, porque cada história merece respeito, escuta e transformação. Finanças, porque são o caminho para resgatar a liberdade, buscar a paz e alcançar os sonhos que ficaram para trás. Minha missão é unir esses dois mundos com leveza e estratégia, guiando você nessa nova jornada. Aqui, você não será cobrado pelo passado, mas acolhido rumo a um recomeço possível e duradouro.

charleslandgraf
in charleslandgraf

NA VOLTA A GENTE **COMPRA**

8

SAIR DO VERMELHO COMEÇA EM CASA E EM FAMÍLIA

Por Charles Landgraf

No escuro das finanças, até o amor tropeça

A luz da cozinha estava acesa e a casa, em silêncio. Na mesa, havia uma pilha de contas, o extrato bancário aberto no celular e o peso de quem tenta parecer forte, mesmo quando está em pedaços. O casal se amava, tinha planos, sonhos, uma história, mas a vida financeira estava desmoronando. Essa poderia ser a história de muitos casais, talvez até a sua.

Dívidas não surgem do nada e nem sempre acontecem por falta de organização. Muitas vezes, são decorrentes de emergências, de improvisos ou da tentativa de manter as aparências. A intenção costuma ser nobre: proteger, sustentar, evitar conflitos, mas o efeito colateral é devastador. Um cartão vira dois, uma fatura adiada vira um empréstimo e, sem perceber, o orçamento está estourado, e o emocional, em frangalhos.

O problema não é só o valor devido, mas o que ele provoca: afastamento, tensão, culpa. O medo de conversar sobre dinheiro transforma a rotina em um campo minado. Enquanto um tenta resolver sozinho, o outro se sente à margem. O amor vira dúvida, a admiração é posta em xeque e a parceria se desgasta. Aos poucos, a dívida ocupa o lugar da leveza e vêm a insônia, a ansiedade e os conflitos. O mais perigoso é quando isso parece não ter saída e vocês começaram a achar tudo normal. Mas você está prestes a descobrir que existe, sim, um caminho de volta para retomar a harmonia em família.

O primeiro passo não é o financeiro, é o emocional

Talvez você tenha chegado até aqui sentindo o coração apertado — não pelo valor da dívida em si, mas pelo peso que ela trouxe para os seus dias. Porque quem sente muito, ama muito e, por isso, tenta proteger, agradar, resolver. O problema é que, sem perceber, isso pode nos afastar de quem mais importa. Mas há um caminho de volta — e ele se inicia pela decisão de recomeçar.

Faça uma pausa, respire fundo e reflita: como você se sente ao olhar para as dívidas? Qual é a sensação ao falar de dinheiro com quem divide a vida com você? Quando foi a última vez que essa conversa fluiu de maneira harmoniosa, sem conflito, silêncio ou culpa? Agora, feche os olhos por um instante. Se todas as dívidas fossem quitadas e o orçamento estivesse equilibrado, qual seria o primeiro sonho a ser realizado? Pode ser uma viagem, uma casa nova ou simplesmente dormir em paz.

É importante que esse sonho seja sempre lembrado, pois é ele que vai te dar força nos dias difíceis. E, quando a jornada parecer longa, tenha esse desejo como guia para rememorar, diariamente, daquilo que realmente vale a pena.

Coloquem tudo na mesa (literalmente)

O primeiro passo é sair do escuro. Listem todas as informações: dívidas, prazos, juros, cartões, parcelas. Imprimam, anotem, destaquem. Quanto mais visível, mais gerenciável. Esse momento exige coragem e empatia, por isso, nada de acusações. O foco não é o passado, mas o próximo passo.

Tornar as finanças visíveis é como acender a luz de um cômodo esquecido: o que parecia assustador ganha contorno e possibilidade de ação. O simples ato de olhar para tudo já traz a sensação de controle. A bagunça desorganiza a mente, mas a clareza acalma o coração. Você começa a sentir que está retomando as rédeas da sua história.

- Dica rápida: escolha um horário tranquilo, para que não haja interrupções. Transforme esse momento em um ritual de recomeço.

Criem uma parceria

Dívidas afetam o emocional. É comum um dos parceiros tentar resolver tudo sozinho, mas o planejamento precisa ser construído a dois. Escolham um dia da semana para ser o "dia do dinheiro", dedicado a revisar contas e alinhar decisões. Isso pode parecer desconfortável no início, mas, com o tempo, essa conversa se transformará em algo leve e indispensável. Ao falar sobre dinheiro, o casal também fala sobre planos e prioridades.

Conversar sobre finanças transforma a relação, evita mal-entendidos, alinha expectativas e fortalece a parceria.

Adequem com inteligência, não com culpa

Realinhar o orçamento não é um castigo, é priorizar o que realmente importa. Para isso, dividam os gastos em três grupos: essenciais (moradia, alimentação etc.), importantes (educação, transporte) e adiáveis (lazer, roupas etc.). Criem alternativas simples para momentos de prazer: cozinhar juntos, caminhar, organizar uma noite de jogos com os filhos.

Ajustar o presente é construir um futuro possível. Pequenas decisões geram grandes mudanças ao longo do tempo.

Ficou difícil? Respire. Voltar uma etapa também é avançar.

Antes de considerar renegociar ou trocar dívidas, é essencial construir uma base sólida no orçamento. Não adianta criar uma nova estratégia se, todo mês, ainda se gasta mais do que se ganha. O primeiro passo é eliminar os gastos invisíveis, adequar o orçamento para obter uma sobra mensal consistente e, só então, partir para a quitação inteligente das dívidas. Caso contrário, o risco de se endividar novamente será alto, e todo o esforço terá sido em vão.

Troquem as dívidas de maneira inteligente

Nem toda dívida é igual. Algumas drenam energia e paz; outras, se bem renegociadas, podem ser a solução. Conversem com especialistas na área, comparem condições e busquem ajuda profissional. É possível reduzir valores significativos apenas reorganizando os débitos, e isso proporciona tranquilidade no fim do dia. Ignorar dívidas é como tentar conter um vazamento com fita adesiva: o problema parece escondido, mas o dano só cresce por dentro.

- Quantos sonhos vocês tiveram que adiar por pagar juros de dívidas cuja origem sequer se lembravam?

Transformem metas em motivação

Cada meta alcançada precisa ser reconhecida. Quitaram uma dívida? Atualizem o plano. Controlaram os gastos mensais sem discutir? Registrem. Toda conquista indica que o planejamento está funcionando. Visualizem esse processo como uma escada: cada degrau vencido dá força para subir o próximo. Pequenas metas geram impulso. Grandes mudanças vêm da soma dos pequenos acertos, constantemente revisitados.

Uma sugestão é ter um "mapa de metas" visível — pode ser um quadro, uma planilha ou até um aplicativo —, em que cada conquista seja anotada. Ao olhar para esse histórico, o casal enxerga o progresso real, reforçando a disciplina e motivando a continuar.

Lembre-se: dinheiro não é o fim, é o meio. Quando usado com estratégia, constrói pontes, não obstáculos.

Aprofundando a transformação

O maior vilão: os gastos invisíveis

Um café aqui, um *delivery* de comida ali, uma assinatura mensal... Esses são exemplos de gastos invisíveis, que parecem inofensivos, mas, quando contabilizados, são como pequenos furos num balde: por mais que você coloque água, eles deixam essa água escoar.

Vedar esses furos é fundamental. Eles sabotam o orçamento e alimentam a frustração. Observem com carinho para onde o dinheiro está indo sem que vocês percebam.

Façam um raio-X financeiro

Considerem os seguintes pontos:

- renda líquida: avaliem qual é a entrada de dinheiro mensal;
- gastos mensais: analisem tanto os gastos obrigatórios quanto os não obrigatórios dos últimos meses;
- gastos comprometidos: listem todas as dívidas, parcelas, taxas e saldos em aberto.

Com essas informações, alinhem a renda mensal a um orçamento e estabeleçam metas. A sobra de caixa mensal será o combustível necessário para a estratégia de quitação.

Resumo prático em 5 passos

- Listem as dívidas.
- Calculem os custos fixos e variáveis.
- Criem o "dia do dinheiro".
- Eliminem os gastos invisíveis.
- Comemorem a primeira escolha consciente.

Envolvam quem caminha com vocês

Incluam os filhos de forma leve e amorosa no processo. Compartilhem o esforço, as escolhas e os aprendizados. Criem metas conjuntas para economizar dinheiro para um passeio ou para comprar algo desejado. Não se trata de privar, mas de educar e mostrar que cuidar do dinheiro é também cuidar de quem se ama. Famílias que conversam sobre dinheiro constroem relações mais saudáveis, transparentes e responsáveis.

Consistência vence velocidade

Reservem 15 minutos semanais para revisar entradas e saídas. Esse momento ajuda a transformar a relação familiar com o dinheiro e incentiva o alcance dos objetivos desejados. Com o tempo, vira hábito, e o hábito é uma conquista.

- O que o dinheiro representa para você hoje: culpa, proteção, liberdade, segurança ou medo? Sua resposta muda tudo.

Você chegou até aqui porque ainda acredita, e isso já é um recomeço. Nenhuma dívida define quem você é. A virada não começa com a planilha, começa na decisão de mudar com consciência. Você só precisa ter em mente que ninguém recomeça sem ter medo. A melhor hora não é na calmaria, é quando, mesmo no caos, você escolhe tentar — por você, por quem caminha junto e pelos sonhos que ainda fazem sentido.

Talvez a luz da cozinha ainda fique acesa durante algumas noites. Não por causa das contas, mas porque vocês estão, juntos, redesenhando o amanhã. Quando uma família escolhe caminhar junto, não importa quão difícil tenha sido o passado, o futuro se torna possível.

Agora, vocês sabem que é possível recomeçar. Não esperem o momento perfeito. A melhor hora é quando vocês decidem mudar, mesmo com medo, mesmo que seja aos poucos.

Escolham um dia da semana, revisem as finanças, falem sobre o que incomoda, mas também falem sobre sonhos. Façam o raio-X, definam metas, comemorem a primeira escolha consciente. Pequenas vitórias criam grandes mudanças. Vocês não precisam fazer tudo de uma vez, só não podem deixar tudo como está. O amanhã começa com uma pequena decisão hoje.

Quando estamos no olho do furacão, só vemos vento, caos e confusão. Nesse momento, dar um passo à frente pode causar mais desorganização. E quanto mais adiante seguimos, mais difícil parece ser caminhar. Nessas horas, observar a situação de fora faz diferença para ver com mais clareza. Essa mudança de perspectiva ajuda a dar o próximo passo de forma segura e estratégica.

Vocês não precisam ter todas as respostas agora. Basta apenas ter coragem o suficiente para não se esconder mais delas.

Provavelmente, o primeiro passo não vai resolver todas os problemas, mas é o fim da inércia, e isso é uma vitória. Deem hoje o primeiro passo. O que vem pela frente pode ser leve e transformador.

"Toda dívida começa com um 'sim' mal pensado; e todo recomeço, com um 'não' consciente."

Charles Landgraf

Que ensinamentos este capítulo trouxe para sua vida e suas finanças?

DEYSE ROCHA

Acredito que a liberdade financeira começa com consciência, boas escolhas e disciplina. Com mais de dezessete anos de experiência, sou especialista em investimentos, trabalho com escuta ativa e foco no cliente, respeitando sonhos, perfil e momento de vida de cada pessoa.

Desde 2021, incorporei o planejamento financeiro à minha expertise, desenvolvendo uma visão 360° que une o planejamento de vida aos investimentos.

Possuo as certificações CPA-10, CPA-20, CEA e Ancord, além de pós-graduação em Finanças & Investimentos. Atendo clientes de todo o mundo e ministro palestras de finanças, sempre com foco na democratização do conhecimento.

Minha maior realização é ajudar famílias a conquistarem seus objetivos e viverem com mais tranquilidade financeira.

deyserocha.oficial
deyse-rocha

NA VOLTA A GENTE **COMPRA**

9

FINANÇAS PARA CASAIS: TRANSFORME SONHOS EM REALIDADE

Por Deyse Rocha

Construir uma vida a dois envolve mais do que amor e carinho, exige responsabilidade, diálogo e planejamento. Você já parou para pensar em como as diferentes histórias e valores de cada um impactam a construção da vida a dois? Foi justamente essa descoberta que transformou o planejamento financeiro em um dos maiores aliados do meu casamento.

Assim como talvez aconteça em seu relacionamento, cresci em uma realidade em que cada conquista foi fruto de muito esforço e cuidado. Essa experiência moldou minha relação com o dinheiro e despertou um desejo profundo de ter mais segurança e qualidade de vida. Meu marido, por outro lado, teve uma trajetória diferente: cresceu em um ambiente com mais acesso a oportunidades, e seu maior desafio era provar para si mesmo que podia crescer e se manter financeiramente de acordo com as próprias escolhas, com maturidade e responsabilidade.

Essas diferenças e desafios ficaram ainda mais evidentes quando fomos morar juntos. Sempre que um estava bem, o outro enfrentava alguma turbulência, como um problema de saúde, um pedido de demissão ou uma transição na carreira. Momentos como esses, que poderiam nos separar, tornaram-se oportunidades de crescimento.

Não éramos um casal perfeito, e ainda não somos, mas sempre buscamos evoluir juntos. Nossa virada, que pode ser a sua também, aconteceu quando colocamos tudo na mesa: despesas, investimentos, sonhos, planos e expectativas. Foi desconfortável no começo, mas isso transformou completamente nossa relação com o dinheiro e um com o outro.

Quando dois indivíduos decidem compartilhar a vida, trazem consigo não apenas suas histórias e seus valores, mas crenças financeiras diferentes. Às vezes, um é mais poupador, o outro mais gastador; um cresceu economizando, o outro aproveitando mais o presente. O problema não está nas diferenças, mas na falta de comunicação e de estratégias em comum. Autores como David Bach (2001) e Jonathan D. Motske (2014) ressaltam que entender o modelo financeiro de cada um é fundamental para que o dinheiro deixe de ser fonte de conflito e se torne uma ferramenta de união no relacionamento.

Com a gente não foi diferente. Descobrimos que tínhamos perfis de investimento distintos, o que nos levou a buscar equilíbrio na hora de investir juntos. Apesar disso, sempre compartilhamos as escolhas e o desejo de ter um futuro tranquilo. Isso nos ajudou a alinhar propósitos e a ajustar nossa maneira de investir.

Com o tempo, percebi que esses desafios não eram só nossos. Após anos de leituras especializadas e do privilégio de acompanhar casais em suas jornadas financeiras, consolidei dez passos práticos e eficazes que podem transformar sonhos em realidade.

Mas, antes de aplicar qualquer estratégia, ferramenta ou investimento, há um ponto fundamental: o diálogo. Falar abertamente sobre dinheiro, ganhos, gastos, dívidas, sonhos e inseguranças pode parecer simples, mas exige maturidade. É nesse momento que percebemos que o dinheiro não serve só para pagar contas; ele pode ser ponte ou muro, pode aproximar ou afastar, tudo depende de como é usado.

Passo 1: antes dos números, conheçam um ao outro

Planejamento financeiro começa com escuta, não com números. É hora de olhar para dentro e, principalmente, um para o outro. Já atendi casais em que uma das partes queria se aposentar na praia e a outra sonhava em ter um sítio no interior, e só descobriram isso durante uma conversa comigo.

Perguntem um ao outro: "O que é uma vida rica para você?", "Que experiências deseja viver ao meu lado?". Além dos sonhos, é importante conhecer a bagagem financeira de cada um: "Como o dinheiro era tratado em sua família?", "Qual é o seu maior medo financeiro?". Compreender essas histórias é essencial para criar empatia, alinhar expectativas e construir um plano que faça sentido para os dois.

Passo 2: criem juntos o mapa dos sonhos

É fundamental definir as prioridades juntos: quitar dívidas, montar uma reserva de emergência, fazer uma viagem, comprar um imóvel, ter filhos, investir na aposentadoria. Os sonhos podem ser muitos, mas, sem um plano para alcançá-los, o destino pode ser outro, como diz a célebre frase de *Alice no País das Maravilhas*, de Lewis Carroll: "Para quem não sabe para onde quer ir, qualquer caminho serve" (Carroll, 2002). Com isso, vem a estagnação, o tempo passa e os sonhos ficam para "depois", que talvez nunca chegue.

Planejar não é limitar, é direcionar. E, quando o plano é feito a dois, cada conquista tem ainda mais sabor. Com união e estratégia, até os imprevistos fortalecem.

Uma sugestão prática: dividam uma folha em quatro áreas (materiais, afetivas, financeiras e individuais) ou façam um mural digital com imagens que representem cada sonho. Estimem prazos e quanto precisam investir por mês para realizar cada meta.

Deixem esse mapa em um lugar onde possam visualizá-lo com frequência, pois ele será um lembrete constante do porquê vocês começaram essa jornada juntos.

Passo 3: planejem a liberdade financeira

Definam juntos quanto precisam acumular para manter o estilo de vida que desejam na aposentadoria e revisitem esse objetivo periodicamente. Quanto antes começarem, mais simples e leve será o caminho até a tão sonhada tranquilidade.

Passo 4: parceria com autonomia

Dividam o peso e alinhem os papéis. Um de vocês pode até cuidar mais diretamente das finanças, mas os dois precisam entender e opinar. A parceria financeira deve refletir o espírito do relacionamento. Ter contas bancárias separadas pode preservar a autonomia, mas é essencial ter objetivos em comum e clareza sobre quem contribui com o quê. Dividam os custos de maneira justa. Não precisa ser meio a meio, mas precisa ser previamente combinado. Em casa, por exemplo, optamos por uma divisão proporcional à renda de cada um. Isso evita desigualdades e ressentimentos. Também mantemos uma conta conjunta para despesas do lar e projetos em comum, o que facilita o controle e o planejamento.

Passo 5: mais do que guardar, invistam com propósito

Investir vai além de apenas guardar dinheiro. É colocá-lo para trabalhar por vocês. E isso começa com pequenas atitudes.

- Paguem-se primeiro. Invistam assim que receberem. Esperar sobrar quase nunca funciona.
- Tenham uma reserva de emergência. O ideal é ter de três a seis meses das despesas mensais guardados em um investimento de fácil acesso. Ajustem esse valor à realidade da família (instabilidade no trabalho, criação dos filhos, cuidado com pais idosos etc.), para que os imprevistos não comprometam seus sonhos.
- Usem estratégias diferentes para cada objetivo. Sonhos de curto prazo pedem segurança; já os sonhos de longo prazo permitem buscar mais rentabilidade.
- Evitem o "investimento dente de serra" (juntar dinheiro, gastar tudo e recomeçar novamente do zero). Separem uma parte dos investimentos para as realizações e a outra para investir no crescimento.

- Automatizem os aportes. Isso reduz esquecimentos e ajuda a manter a disciplina sem desgastes.

Investir com constância e propósito transforma planos em realidade. Com os juros trabalhando a favor, o destino chega antes do esperado.

Passo 6: façam do orçamento um hábito a dois

Reservem um momento do mês para conversar sobre dinheiro de maneira leve e sem pressão. Pode ser durante um café, um jantar ou qualquer outro momento que tenha a cara de vocês. Organizem juntos o orçamento: separem o que é essencial do que é opcional e definam uma meta de investimento alinhada aos projetos do casal. Escolham uma forma simples de fazer o controle (planilha, caderno, aplicativo ou até um grupo no WhatsApp), para que analisem e ajustem o que for necessário.

Passo 7: cuidado com a infidelidade financeira

Segredos sobre o dinheiro, sejam dívidas, gastos ou renda extra, muitas vezes começam com pequenas atitudes, como uma compra escondida no porta-malas. Mas, com o tempo, esses comportamentos enfraquecem a confiança e dificultam o planejamento.

Manter a transparência nas finanças é essencial para fortalecer o relacionamento e construir objetivos em comum.

Passo 8: evitem comparações externas

É comum casais se endividarem ao tentar manter um estilo de vida que não condiz com sua realidade, apenas para "não ficar atrás" de amigos ou parentes. Definir o que é uma vida boa para vocês, e não para os outros, é um dos principais atos de liberdade financeira.

Passo 9: invistam em educação financeira

Cursos, livros e consultorias reforçam a disciplina e fortalecem o propósito. Para os iniciantes, recomendo começar pelos fundamentos do orçamento familiar e, depois, avançar para temas relacionados a investimentos. O conhecimento adquirido é uma ferramenta valiosa para tomar decisões mais conscientes e alinhadas com os sonhos do casal.

Passo 10: celebrem suas conquistas

Planejem celebrações semestrais ou anuais para reconhecer o progresso que fizeram. Um jantar especial, uma pequena viagem ou mesmo um brinde em casa pode criar memórias afetivas relacionadas ao planejamento. Essa pausa para celebrar reforça comportamentos positivos e recarrega a motivação para os próximos desafios.

Depois de seguir esses passos, não importa se vocês estão começando agora ou se já passaram por muitos desafios juntos, o caminho é o mesmo. Afinal, não se trata apenas de enriquecer financeiramente, mas de construir uma relação rica em propósito, parceria e paz.

Em casa, não foi do dia para a noite que vimos os resultados, mas, com consciência e disciplina, começamos a ver os sonhos saírem do papel. Como casal, tanto no amor quanto nas finanças, aprendemos o caminho do sucesso. Seguimos trilhando-o com entusiasmo, apreciando cada vitória, fortalecendo-nos com os desafios e nos preparando para as próximas conquistas. Ajustamos a rota sempre que necessário e, acima de tudo, caminhando lado a lado, com leveza e parceria. Hoje, o dinheiro não é motivo de tensão, mas uma ferramenta de realização. Convido você a iniciar essa jornada também.

Talvez estejam pensando que a realidade de vocês é muito distante da que relatei. Mas, não importa se estão começando agora ou se já compartilham uma longa jornada; se o planejamento da reserva de emergência está no começo ou se já acumulam um patrimônio significativo. O que realmente faz a diferença é o compromisso de vocês com o processo: sonhar juntos, planejar juntos e conquistar juntos. No fim das contas, não é apenas sobre dinheiro, é sobre construir uma vida com sentido, lado a lado.

Se nós conseguimos, acredito que vocês também conseguem. Aplicando o que compartilhei até aqui, tenho certeza de que vão fortalecer não apenas a relação com o dinheiro, mas também a parceria entre vocês.

Acompanhem minhas redes sociais para obter mais dicas e ter suporte na área financeira. Vamos, juntos, transformar sonhos em realidade!

BIBLIOGRAFIA

BACH, D. *Smart Couples Finish Rich.* Nova York: Crown Business, 2001.

MOTSKE, J. D. *The Couple's Guide to Financial Compatibility.* Berkeley: Ten Speed Press, 2014.

CARROLL, L. *Alice no País das Maravilhas.* Tradução de Ana Maria Machado. Rio de Janeiro: Salamandra, 2002.

“Casais que alinham sonhos e investem com propósito multiplicam suas conquistas.”

Deyse Rocha

Que ensinamentos este capítulo trouxe para sua vida e suas finanças?

DIOGO FEILO GARCIA

Meu nome é Diogo Feilo Garcia e sou advogado especialista em planejamento patrimonial, empresarial e sucessório. Atuo auxiliando famílias a estruturar a transmissão do patrimônio com segurança, inteligência jurídica e eficiência tributária. Acredito que herança vai além de bens: é um reflexo dos valores de quem partiu. Planejar a sucessão é um gesto de cuidado com quem fica, é transformar conquistas em legado e proteger o futuro de quem amamos.

Nas minhas redes sociais, compartilho conteúdos sobre planejamento patrimonial, empresarial e sucessório.

diogofeilo.adv

diogofeilo

Diogo Feilo Garcia

10

PLANEJAMENTO FAMILIAR: PATRIMÔNIO, SUCESSÃO E HERANÇA

Por Diogo Feilo Garcia

1. Herança não é apenas sobre dinheiro

Você já parou para pensar sobre o que aconteceria com seu patrimônio e sua família se algo acontecesse com você amanhã?

Muitas pessoas evitam essa pergunta, como quem diz "na volta a gente vê", mas adiar decisões sucessórias pode gerar conflitos, perdas e desorganização.

Falar sobre herança não é apenas tratar da morte. É, sobretudo, reconhecer a importância de organizar, com coragem e responsabilidade, a continuidade do que foi construído ao longo da vida. É garantir o legado de uma geração de maneira segura, eficiente e alinhada aos valores familiares.

Nesse contexto, o planejamento sucessório é apresentado como um recurso estratégico que permite antecipar decisões, estruturar a sucessão de bens e de empresas, otimizar a carga tributária e proteger a integridade do patrimônio. Trata-se de uma medida preventiva que deve fazer parte da educação financeira familiar tanto quanto o controle de gastos, a formação de reservas, os investimentos etc.

Neste capítulo, vamos explorar os principais fundamentos do planejamento patrimonial e sucessório, seus benefícios e suas aplicações práticas, visando mostrar que se preparar para o futuro, inclusive para o inevitável, é um ato de cuidado, responsabilidade e inteligência financeira.

2. O que é planejamento sucessório?

Planejamento sucessório é o processo estruturado de organização da transmissão do patrimônio e da continuidade das responsabilidades familiares e empresariais, adotado em vida pelo titular, para garantir uma sucessão eficiente, segura e alinhada à sua vontade, reduzindo custos, burocracia e conflitos.

Ainda que o processo de inventário seja previsto em lei e perfeitamente legítimo, sua realização sem qualquer preparo prévio pode resultar em custos elevados, burocracia excessiva, paralisação de negócios e disputas entre herdeiros. Quando não há planejamento, o risco de perdas patrimoniais e emocionais é acentuado justamente em um momento de fragilidade para todos os envolvidos.

Existem diferentes instrumentos que podem ser utilizados de maneira combinada ou isolada, de acordo com o perfil do titular, da família e da estrutura patrimonial. O principal é compreender que planejar não é apenas uma questão de organização, mas um gesto de responsabilidade com quem fica e de respeito ao legado de quem construiu.

3. Por que você deve se importar com isso agora

É comum pensar no planejamento sucessório como algo distante, reservado para a velhice ou para quando se acumula grande fortuna. No entanto, essa percepção pode custar caro, e não apenas em termos financeiros, mas emocionais e relacionais. A verdade é que a morte é certa, mas o momento em que ela ocorrerá, não.

Adiar decisões importantes sobre o futuro do patrimônio é o mesmo que deixar a própria família exposta à insegurança, à desorganização e a conflitos evitáveis. Além disso, a ausência de planejamento pode resultar em perdas significativas. Tributos, custas judiciais e honorários no inventário consomem recursos que poderiam ser poupados ou reinvestidos. Em muitos casos, bens são vendidos às pressas, empresas familiares são paralisadas por desentendimentos entre herdeiros e relações pessoais são desfeitas por falta de diálogo prévio sobre temas sensíveis.

Planejar com antecedência permite ao patrimonialista organizar com clareza como deseja que seu legado e sua história sejam levados adiante. Isso inclui, por exemplo, definir responsáveis pela administração de empresas, escolher os beneficiários de determinados bens, organizar documentos e até capacitar os sucessores para assumir responsabilidades. Mais do que distribuir bens, diz respeito a transmitir valores, visão e propósito. Portanto, não se trata apenas de um mero planejamento patrimonial. É uma demonstração de cuidado, maturidade e comprometimento com aqueles que fazem parte de sua história.

4. O custo do improviso: quando a falta de planejamento cobra seu preço

A falta de planejamento pode transformar um momento emocionalmente delicado (a perda de um ente querido) em um cenário de caos. O que deveria ser um processo de acolhimento e continuidade, torna-se fonte de rupturas familiares e perdas irreversíveis.

Imagine uma empresa familiar sem a definição clara de quem vai conduzi-la após o falecimento do patrimonialista. Herdeiros, por vezes sem preparo ou afinidade com o negócio, podem se ver obrigados a tomar decisões estratégicas em meio ao luto. O resultado pode ser a paralisação das atividades, conflitos de gestão e, em casos mais graves, a dissolução da empresa, comprometendo a renda da família e os empregos gerados pelo empreendimento.

Mesmo em famílias com patrimônio menos complexo, os problemas são recorrentes: imóveis bloqueados por anos em inventários litigiosos, bens vendidos às pressas por falta de liquidez e herdeiros obrigados a contrair dívidas para arcar com impostos e despesas legais. Não é raro que irmãos que antes se davam bem passem a se evitar ou que bens com valor afetivo sejam disputados judicialmente por ausência de direcionamento em vida.

Além disso, a falta de planejamento pode gerar repercussões econômicas relevantes. Os custos que incidem sobre a transferência de bens e direitos podem ser otimizados por meio de estratégias lícitas e antecipadas, evitando surpresas e excessos. Quando não há preparo, os herdeiros são impactados com exigências financeiras que poderiam ser suavizadas ou compensadas com uma abordagem preventiva. Some-se a isso o custo de oportunidade: bens imóveis paralisados, empresas sem gestão e aplicações sem movimentação representam perda de potencial financeiro para a família justamente no momento em que mais se precisa de estabilidade.

Esses exemplos não são exceção, uma vez que acontecem em muitas famílias brasileiras. Entretanto, poderiam ser evitados com a tomada de atitudes simples, no tempo certo e com a orientação adequada.

5. **Instrumentos práticos do planejamento**

O planejamento sucessório é um processo personalizado. Não existe uma fórmula que sirva para todas as famílias. Cada estrutura exige análise do perfil dos titulares, da composição do patrimônio, da existência (ou não) de empresas no núcleo familiar e do momento de vida em que se encontram os envolvidos. Ademais, um bom planejamento deve ser revisto e atualizado periodicamente, acompanhando mudanças na estrutura familiar, nos bens, nos objetivos das partes envolvidas, na legislação e nas demais questões externas relacionadas ao tema.

A estruturação desse projeto customizado conta com diversas ferramentas para organizar a sucessão de forma eficiente e segura. Dentre as mais utilizadas, destacam-se:

- **testamento**: documento por meio do qual a pessoa expressa sua vontade sobre a destinação de seus bens e disposições de última vontade, a serem cumpridas após sua morte, respeitados os limites legais;
- **doação em vida**: transferência realizada ainda em vida, podendo ser acompanhada de cláusulas que limitam o uso ou a disposição (como inalienabilidade ou incomunicabilidade), além da possibilidade de reservar o usufruto ao doador, garantindo-lhe o uso e os frutos do bem até o falecimento;
- **seguros de vida com fins sucessórios**: contratos de cobertura que, ao prever beneficiários, garantem liquidez imediata para os herdeiros, o que pode facilitar o pagamento dos custos sucessórios, evitando perda patrimonial;
- **planos de previdência privada**: instrumento de acumulação de recursos com a finalidade de aposentadoria que, em determinadas modalidades, permite a transmissão direta ao beneficiário, fora do inventário — o Superior Tribunal Federal (STF), no Tema 1214, reconheceu sua natureza securitária, afastando sua inclusão automática no espólio e na base de cálculo do Imposto sobre Transmissão Causa Mortis e Doação de Quaisquer Bens ou Direitos (ITCMD), desde que atendidos os requisitos legais (Brasil, 2023) —;
- **constituição de *holdings* familiares e/ou reorganização de empresas operacionais**: estruturação societária voltada à organização, à proteção e à gestão do patrimônio familiar — a *holding* facilita a sucessão de bens e cotas com melhor controle e eficiência, já a reorganização empresarial permite preparar empresas operacionais para a continuidade, protegendo-as de disputas e paralisações —;
- **contratos de convivência ou pactos antenupciais**: instrumentos que regulam o regime de bens entre cônjuges ou companheiros, fundamentais para definir o que integra o patrimônio comum, evitando litígios no momento da sucessão.

A escolha do(s) instrumento(s) adequado(s) dependerá do grau de maturidade da família, do tipo de bens envolvidos, do nível de diálogo entre os membros e dos objetivos desejados. Mais do que resguardar bens, trata-se de proteger vínculos, evitar desgastes e criar condições para que o patrimônio continue sendo um recurso de apoio, de crescimento e de segurança entre as gerações. De igual modo, um planejamento sério deve estar vivo: ser revisto, ajustado e readequado conforme o tempo e a vida avançam.

6. **Conclusão: uma ponte entre a memória e a continuidade**

Planejar a sucessão é mais do que uma questão jurídica ou financeira: é um compromisso com o futuro da família, com a preservação das relações e com o respeito à história construída com muito esforço ao longo do tempo. A ausência de planejamento pode gerar insegurança, conflitos, desorganização patrimonial e até o comprometimento de negócios que sustentam gerações.

Ao adotar uma postura proativa, a família não apenas reduz custos (financeiros, emocionais e relacionais), mas traça um caminho claro e seguro diante de uma fase tão sensível. A omissão de hoje pode comprometer a paz de amanhã, e o tempo, nesse cenário, representa um dos ativos mais estratégicos.

Planejar é cuidar, mesmo depois da partida. É escrever com intenção o último capítulo da própria história. Porque o verdadeiro legado não está apenas no que se transmite, mas no que permanece quando já não estamos aqui para explicar.

BIBLIOGRAFIA

BRASIL. Supremo Tribunal Federal. Recurso Extraordinário nº 1.370.853/RJ. Tema 1214 da Repercussão Geral. Relator: Ministro Luís Roberto Barroso. Julgado em 21 jun. 2023. Publicado em 28 jun. 2023.

“O que deixamos em vida não é apenas patrimônio, mas continuidade. Planejar é um ato sereno de amor, que protege tanto o que fomos quanto aqueles que amamos.”

Diogo Feilo Garcia

Que ensinamentos este capítulo trouxe para sua vida e suas finanças?

ELAINE CARREIRO

Meu nome é Elaine Carreiro, sou paulistana e moro com meus três amores: duas cachorras e um gato. Além disso, sou apaixonada pelos meus sobrinhos e pela minha afilhada. Sou planejadora e educadora financeira, estrategista em negociação de dívidas, psicofinanceira, corretora de seguros, escritora e palestrante. Há seis anos, oriento pessoas a saírem das dívidas e a se organizarem financeiramente, além de levar bem-estar financeiro às empresas. Minha relação com o dinheiro na juventude foi desafiadora, mas, ao entender que as emoções guiam nossas decisões e ao integrar planejamento com psicologia, transformei a minha história. Hoje, meu propósito é ajudar as pessoas que, por meio do autoconhecimento, da mudança de mentalidade e do comportamento, podem reencontrar a paz financeira.

elainecarreiro.financas
+55 (11) 98181-1867
Elaine Carreiro
elainecarreiro.financas
elainecristinacarreiro
www.elainecarreiro.com.br

NA VOLTA A GENTE **COMPRA**

11

O CUSTO EMOCIONAL DAS NOSSAS ESCOLHAS FINANCEIRAS

Por Elaine Carreiro

Falar sobre dinheiro é, essencialmente, falar sobre emoções. Por mais que pareça uma questão de soma, de subtração e de números racionais, a verdade é que o dinheiro raramente é neutro. Ele carrega histórias, dores, desejos, medos, frustrações e necessidades não ditas. Por isso, mesmo pessoas conscientes, cultas e inteligentes se veem presas em ciclos de dívidas, impulsos e sabotagens.

Não se trata apenas de gastar mal. Trata-se de gastar por carência, por fuga ou por aceitação. O problema raramente está só no valor da fatura, está no que o consumo tenta preencher. E, enquanto não olhamos para isso com honestidade, a verdadeira transformação financeira continuará fora de alcance.

Se você já gastou com algo que nem queria, já se culpou por compras impulsivas ou já sentiu vergonha ao olhar o extrato bancário, saiba: você não está sozinho. A maioria das pessoas carrega dores emocionais escondidas atrás de decisões financeiras. Reconhecer isso é o primeiro passo para se libertar.

Uma das armadilhas do *status* é o luxo que aprisiona. Em tempos de redes sociais e vitrines digitais, o dinheiro ganhou um novo papel: deixou de ser apenas um recurso e passou a representar identidade. Não basta ter, é preciso parecer que tem. A ostentação virou sinônimo de sucesso e, para se sentir "alguém", vale até entrar no rotativo do cartão ou parcelar a aparência.

A necessidade de manter um *status*, muitas vezes, fala muito mais sobre identidade do que sobre finanças. Queremos ser vistos como bem-sucedidos, pertencentes, desejáveis. O consumo vira uma tentativa de validação externa, especialmente para quem, por dentro, sente-se insuficiente. A armadilha do *status* é que ele nunca se satisfaz. Sempre haverá algo novo, alguém com mais recursos financeiros e mais *status*. A busca é infinita. E o *status* é exigente. Ele exige a bolsa da moda, o carro novo, o restaurante badalado. Só que essa busca é um poço sem fundo. Você pode conseguir o que todos desejam e, ainda assim, se sentir vazio, porque o *status* não compra pertencimento verdadeiro. E, quando se percebe isso, muitas vezes a dívida já virou um peso que compromete o sono e o futuro.

Esse custo emocional do consumo pode anestesiar. Nem sempre compramos por necessidade; muitas vezes, compramos para aliviar a dor. Comprar para se distrair, para compensar um dia ruim, para se sentir bem por alguns minutos é uma anestesia temporária que, aos poucos, nos afasta do controle e da paz financeira.

A seguir, veja exemplos de quando o consumismo tem a intenção de cobrir esses vazios.

1. **Comprar para agradar**: mães que não dizem "não" aos filhos por culpa, pessoas que ajudam financeiramente familiares que as sugam emocionalmente, amigos que sempre pagam a conta para manter vínculos. O problema não é o gasto, mas sim o vazio que ele tenta preencher. Quando o dinheiro vira moeda de aceitação, a autoestima fica vulnerável.
2. **Comprar para pertencer**: em ambientes onde a roupa que se veste ou o carro que se dirige definem seu lugar no grupo, as dívidas tornam-se uma tentativa de inclusão. Mas, se é preciso mentir para se encaixar, a conta emocional será ainda mais cara do que a financeira. É muito comum isso ocorrer quando somos mais jovens, pois precisamos nos sentir aceitos no grupo ao qual pertencemos ou desejamos pertencer.
3. **Comprar para ser amado**: algumas pessoas tentam comprar amor ou, ao menos, evitar rejeição. Ajudam financeiramente o parceiro que não contribui e pagam presentes caros para manter amizades; porém, amor de verdade não é comprado, mas construído com presença, respeito e verdade.

Em cenários como esses, uma estratégia comum de sobrevivência emocional é a negação financeira. Esse comportamento nasce de dores profundas: culpa por decisões passadas, medo de reconhecer a própria vulnerabilidade, vergonha de precisar de ajuda. Ignorar a conta, fingir que a dívida não existe, evitar olhar o extrato ou a fatura do cartão de crédito — parece uma proteção, mas é uma prisão. Enquanto evitamos a realidade, ela cresce, ganha força, nos paralisa e nos deixa em desespero.

A negação financeira costuma vir acompanhada de frases como:

- "Depois eu vejo isso";
- "Uma hora melhora";
- "Não quero nem ver agora para não ficar mal".

Entretanto, negar a realidade não muda os fatos, só nos impede de enfrentá-los com clareza. O tempo que poderia ser usado para construir soluções acaba sendo gasto tentando evitar a dor de olhar para o problema.

O resultado é um ciclo que se repete: negação, culpa, vergonha, consumo impulsivo, mais dívidas e mais negação.

Sentimentos que tomam conta de nós por não sermos capazes de olhar para as nossas finanças são silenciosos e destrutivos para a vida financeira e, às vezes, vêm acompanhados de uma arrogância velada. É ela que impede as pessoas de pedirem ajuda, de falarem sobre seus erros, de buscarem orientação. A vergonha cria isolamento, e o isolamento mantém o problema vivo.

Quantas vezes você pensou: "Como fui capaz de deixar isso acontecer?" ou "Se alguém souber da minha situação, vai me julgar"? Esses pensamentos não apenas machucam, mas também impedem a mudança. A vergonha nos faz esconder as finanças até de quem mais confiamos, e isso rouba a chance de cura, porque o que é escondido não pode ser tratado.

A saída da vergonha passa pela vulnerabilidade. Quando você diz "eu não sei", "eu preciso de ajuda", "eu quero mudar", algo poderoso acontece: você retoma o poder de reescrever sua história.

Carregamos também nossas verdades absolutas, aquelas que passamos a acreditar desde a infância, as chamadas crenças. O que você acredita sobre dinheiro que está te sabotando?

Desde pequenos, ouvimos frases que moldam nossa relação com o dinheiro:

- "Dinheiro é sujo";
- "Dinheiro não dá em árvore";
- "Quem nasceu pobre, morre pobre".

Essas "verdades" se alojam no inconsciente e passam a guiar decisões sem que a gente perceba. Se você acredita que não merece ter dinheiro, sempre vai dar um jeito de se sabotar. Se pensa que ganhar bem é para "os outros", inconscientemente pode evitar prosperar. E se, para sua família, o dinheiro sempre foi motivo de discórdia, é bem provável que você faça de tudo para se livrar dele o mais rápido possível.

Ressignificar essas crenças exige consciência e prática. Trocar o "dinheiro é ruim" por "dinheiro é uma ferramenta que pode fazer o bem", substituir o "não consigo" por "estou aprendendo". Mudar o que você acredita sobre dinheiro é o primeiro passo para mudar o que você faz com ele, e isso requer consciência e foco, pois, muitas vezes, falamos negativamente sobre o dinheiro sem perceber.

Ainda sobre as crenças, é importante se atentar a um dos maiores venenos invisíveis da autoestima: a comparação. Estamos nos comparando quase diariamente — é algo inerente à nossa vontade. No entanto, se você se compara o tempo todo, possivelmente não consegue enxergar as coisas boas que já conquistou na sua vida e sempre vai acreditar que não é bom o suficiente. A comparação pode te destruir emocionalmente.

As redes sociais são um palco de ilusões. A maioria das pessoas só posta vitórias, conquistas, viagens. Comparar-se com essas versões editadas da realidade gera ansiedade, inveja e sensação de insuficiência. Você não sabe se aquele carro foi financiado em 60 vezes, se a viagem foi paga com o limite do cartão ou se o "casal perfeito" dorme em quartos separados.

A comparação enfraquece a autoestima, distorce prioridades e nos afasta da nossa própria verdade. Passamos a desejar o que os outros têm, em vez de construir o que realmente faz sentido para nós.

Ao invés de se comparar com os outros, comece a se comparar consigo mesmo. Assim, cabe refletir: em um ano, o quanto você evoluiu? Dessa forma, você será mais justo, pois cada um tem seu contexto de vida e sua própria história.

Libertar-se do custo emocional das escolhas financeiras não é sobre cortar tudo, viver de forma rígida ou se punir. É sobre construir uma nova relação com o dinheiro, mais leve, consciente e alinhada aos valores, que, aliás, vão te conduzir ao que faz sentido para sua vida.

E considerando que toda mudança exige novos pensamentos, além de novas prioridades, separei algumas dicas fundamentais para transformar sua vida financeira.

1. **Olhe para a sua realidade**: encare seus números com coragem. Saber quanto deve, quanto ganha e quanto gasta é o começo da mudança. É impossível querer melhorar o cenário financeiro sem conhecer a própria realidade.
2. **Acolha sua história**: você não é seus erros financeiros. Você é alguém em processo de crescimento. Errar faz parte. Aprender é libertador e, por isso, comparar-se consigo mesmo torna a jornada mais leve.

3. **Reconheça os gatilhos emocionais**: quais sentimentos disparam seus gastos? Que situações fazem você perder o controle? Qual é o seu "campo minado", ou seja, aquele lugar ou contexto que te leva a gastar além do que pode? Ter clareza sobre isso ajuda a agir com mais consciência.
4. **Fortaleça sua autoestima**: quando você se sente seguro, não precisa se provar. Não precisa gastar mais para agradar, se encaixar ou ser notado.
5. **Construa novos hábitos**: pequenas mudanças, feitas de forma consistente, geram grandes resultados. Comece com o simples: anotar os gastos, criar um orçamento, separar um valor fixo por mês para uma reserva, estipular um limite para o lazer e dividir os gastos semanalmente. Esses movimentos trazem clareza e controle.
6. **Peça ajuda**: ninguém precisa enfrentar isso sozinho. Terapia, educação financeira e mentoria podem ajudar. A ajuda certa acelera o processo e fortalece o caminho.

E lembre-se:

Você não precisa provar nada para ninguém. Não precisa se endividar para ser aceito ou comprar afeto. Não precisa se esconder por vergonha dos seus erros. Todos nós erramos, mas é sábio quem busca corrigir esses erros.

Você merece uma vida com mais leveza, mais paz e mais clareza. E isso começa quando você entende que o problema não está no quanto você ganha ou gasta, mas no motivo pelo qual você gasta. É esse motivo que dita o custo emocional da sua vida financeira. Mudar isso transforma tudo.

O seu recomeço começa quando você escolhe sair do automático e assumir o protagonismo da sua vida financeira, tomando decisões mais conscientes. Uma escolha de cada vez, com a sua verdade, com respeito por si mesmo e pelo seu dinheiro.

“Dinheiro não é só número. É história, dor e desejo. Enquanto isso for ignorado, não haverá apenas dívida financeira, mas também dívida emocional.”

Elaine Carreiro

Que ensinamentos este capítulo trouxe para sua vida e suas finanças?

JANSER ROJO

Sou Janser Rojo e minha vida se tornou muito mais divertida com o nascimento dos meus filhos, Tiago e Vitor. Eles são minha inspiração e para quem dedico este capítulo.

Acredito que todas as pessoas desejam participar da construção de um mundo melhor, só faltam as ferramentas, e é aí que o dinheiro entra.

Sou formado em Engenharia de Controle e Automação pela Universidade Estadual de Campinas (Unicamp), trabalhei no mercado financeiro e me especializei com um MBA em Derivativos e Mercado de Capitais. Minha trajetória com o público começou por meio da educação financeira e do planejamento financeiro pessoal. Com o objetivo de multiplicar esse conhecimento, tornei-me cofundador da Academia GFAI e da Serafin, participando da formação de milhares de profissionais empenhados na missão de impactar de maneira positiva a vida financeira das pessoas.

janser.rojo

Janser Rojo

NA VOLTA A GENTE **COMPRA**

12

ENSINANDO CRIANÇAS A POUPAR COM PROPÓSITO

Por Janser Rojo

Você já reparou no brilho nos olhos de uma criança ao conquistar algo que realmente queria? Pode ser um brinquedo, um passeio ou até mesmo um simples doce escolhido com cuidado. Agora, imagine se, junto desse momento especial, ela também aprendesse uma lição valiosa sobre esforço, espera e propósito. É disso que trata este capítulo: como ajudar nossos filhos a poupar dinheiro e a desenvolver responsabilidade e consciência desde cedo. Afinal, dinheiro é o meio, não o fim. Quanto antes eles aprenderem essa valiosa lição, maiores serão as chances de se tornarem adultos preparados para realizar conquistas grandiosas.

Quando começar?

A relação com o dinheiro começa antes mesmo de a criança ter noção do que é uma moeda. Ela observa. Vê os pais fazendo compras, pagando contas, negando ou permitindo desejos. Tudo isso forma sua percepção de como o dinheiro funciona. O primeiro passo para construir uma mentalidade de poupança está em reconhecer que, mesmo sem falar de dinheiro diretamente, já estamos ensinando sobre ele o tempo todo.

Por isso, o momento ideal para começar a falar de finanças é quando surgirem as primeiras manifestações de desejo: "Quero um brinquedo novo", "Quero aquele doce do comercial". A partir dessas situações cotidianas, os pais podem iniciar conversas simples sobre o que é possível, o que precisa esperar e o que pode ser conquistado com esforço.

O que significa "poupar com propósito"?

Poupar com propósito é ensinar a criança que o dinheiro não é apenas algo que se gasta, mas uma ferramenta para alcançar sonhos. É muito mais do que simplesmente "guardar para o futuro". É sobre ensinar a refletir: "Por que estou guardando isso?" e "O que isso vai me proporcionar?".

Essa consciência transforma a relação da criança com o dinheiro. Ela deixa de ser passiva com as finanças, do tipo "ganhei e gastei", e passa a se tornar protagonista: "ganhei, guardei, esperei, escolhi e conquistei".

O momento ideal para começar a introduzir esse tema é quando a criança começa a manifestar seus primeiros desejos. Normalmente, isso acontece por volta dos 3 a 5 anos de idade, quando ela passa a pedir coisas com mais clareza e começa a entender o valor dos objetos. Mas calma! O mais importante é adequar a linguagem e o método à idade e à maturidade de cada criança.

Entendendo o universo infantil

- **Crianças de 3 a 5 anos**: veem o dinheiro como algo mágico, que aparece sempre que os pais desejam.
- **Entre 6 e 9 anos**: começam a compreender que o dinheiro é limitado e serve para adquirir produtos e serviços.
- **A partir dos 10 anos**: desenvolvem a capacidade para entender conceitos como planejamento, prioridades e consequências.

Por isso, é essencial adaptar a linguagem, usar recursos visuais e criar experiências práticas que facilitem esse entendimento.

Etapas práticas para ensinar a poupar com propósito

1. Identifique um desejo verdadeiro

A primeira etapa é ajudar seu filho a identificar algo que ele realmente queira. Não algo que ele viu e pediu no impulso, mas algo que ele mencione mais de uma vez, com vontade real. Isso pode ser desde um brinquedo até uma viagem, ou mesmo uma experiência especial.

Exemplo real: meu filho falou três vezes, em uma mesma semana, que queria um Lego específico. Perguntei se ele gostaria de guardarmos dinheiro juntos para comprá-lo, e ele topou na hora.

2. Visualize a meta

Ajude a criança a visualizar a meta de forma clara. Isso pode ser feito com uma imagem colada perto do cofrinho, um desenho feito por ela ou até uma tabela simples que mostre o progresso da poupança.

Dica prática: use potes ou envelopes rotulados com o nome do objetivo. Isso torna a ideia de "guardar com sentido" mais concreta e envolvente.

3. Estabeleça um plano de contribuição

Explique que, para alcançar o objetivo desejado, será preciso guardar uma parte do que receber. Pode ser o dinheiro que ganhou da avó, a mesada ou pequenas recompensas por ajudar em tarefas domésticas.

Importante: a criança não precisa guardar tudo. Ensinar a dividir também faz parte da lição. O equilíbrio é fundamental: uma parte para gastar agora, outra para poupar com propósito.

4. Mostre o progresso

Sempre que seu filho colocar dinheiro no cofrinho, celebre o avanço. Diga: "Olha só! Agora você tem R$ 15,00. Faltam só mais R$ 10,00 para chegar no seu objetivo!". Isso reforça o sentimento de conquista.

Ferramentas úteis: alguns bancos digitais já permitem criar cofrinhos virtuais com o nome da criança, o que pode ser um estímulo adicional para crianças que já sabem reconhecer números e desejam acompanhar os valores crescendo.

5. Alcance e valorize a conquista

Quando a criança conseguir comprar o que tanto desejou, valorize esse momento. Mostre como ela foi responsável, paciente e determinada. Isso reforça o ciclo positivo e fortalece o aprendizado.

Exemplo real: quando meu filho mais velho comprou o *tablet* que tanto queria, sugeri que escrevesse, em uma folha de papel, o que aquela conquista significava para ele. Tirei uma foto e compartilhamos com toda a família! Quando alguém o parabenizava, ele mesmo dizia com orgulho: "Agora eu sei que dá pra conseguir se eu guardar direitinho!".

Atividades e jogos para reforçar o hábito de poupar

- **Jogo do cofrinho por objetivo**: desenhe ou imprima uma imagem do item que a criança quer comprar. Divida a imagem em partes, como se fosse um quebra-cabeça. A cada valor guardado, ela cola uma parte dessa imagem. Quando completar o desenho, é hora de realizar a compra.
- **Feira de trocas**: incentive seu filho a separar brinquedos ou livros que não usa mais para trocar com amigos. Isso ensina que é possível "ganhar" sem gastar.
- **Brincadeira de banco em casa**: finja ser um banco e simule depósitos, retiradas e até o funcionamento dos juros. Ensine o conceito de que o dinheiro pode crescer se for bem cuidado.

Histórias que ajudam a ensinar

- *A galinha dos ovos de ouro* – para mostrar que o imediatismo nem sempre leva ao melhor resultado.
- *A cigarra e a formiga* – para ensinar que sonhos grandes exigem paciência e determinação.
- *Aladdin* – para abordar a responsabilidade e o que é realmente valioso na vida (Aladdin, 1992).

Mesada é uma boa ideia?

A mesada pode ser uma excelente ferramenta, desde que bem utilizada. Se você optar por dar, explique o motivo e estabeleça regras claras. O valor deve ser proporcional à idade e à capacidade da criança de administrar o dinheiro. O mais importante: use a mesada para reforçar o hábito de guardar com propósito.

Dica de ouro: comece com uma "semanada". Para os pequenos, que ainda não têm uma noção muito clara de tempo, receber semanalmente é mais fácil de entender.

E se a criança quiser gastar tudo?

Deixe. Faz parte do aprendizado. Às vezes, o erro ensina mais do que a teoria. Se ela gastar tudo e depois perceber que não poderá comprar o que queria, aproveite para conversar, acolher e mostrar o que poderia ter sido feito de forma diferente.

Aprender a lidar com frustrações é uma das competências mais importantes da vida, e a educação financeira pode ser um excelente campo de treino para isso. Quando a criança sente na pele que gastar tudo agora significa não poder conquistar algo maior depois, ela vivencia, de forma segura e didática, o peso de uma escolha.

Lembre-se: a frustração também educa. E é melhor que ela aconteça agora, com pequenos valores e com você por perto.

Envolva-se no processo

Pais e mães, esse processo é muito mais sobre conexão do que sobre finanças. É a oportunidade de estarem juntos, ensinando com exemplos, ouvindo os filhos, construindo valores. Cada conversa sobre dinheiro é, na verdade, uma conversa sobre escolhas, prioridades, paciência e sonhos.

Frase para guardar: "Ensinar a poupar é ensinar a esperar. E ensinar a esperar significa viver com propósito."

Resumo prático para os pais

1. Ajude seu filho a identificar um desejo real.
2. Visualize a meta de forma lúdica.
3. Estabeleça um plano claro de contribuição.
4. Comemore cada avanço.
5. Valorize a conquista.
6. Use os erros como aprendizado.
7. Ensine pelo exemplo.

Dicas

- Incentive a autonomia, mas com orientação próxima e constante.
- Use o diálogo como ferramenta: faça perguntas que estimulem o pensamento crítico.
- Dê o exemplo: compartilhe suas próprias metas e estratégias de economia com a criança.
- Transforme erros em oportunidades de aprendizado, sem punições.
- Reconheça e comemore conquistas, mesmo as pequenas, para manter o engajamento.
- Mantenha a prática constante: fale sobre dinheiro de forma natural e positiva.

Educar financeiramente é, acima de tudo, uma forma de educar para a vida. Quando ensinamos uma criança a poupar com propósito, estamos plantando nela a semente do planejamento, da responsabilidade e do cuidado com os próprios sonhos. Estamos ensinando que o mundo não gira em torno da satisfação imediata, mas da construção paciente de conquistas significativas.

Mais do que formar pequenos economistas, formamos cidadãos conscientes que entendem o valor do trabalho, da espera, da solidariedade e da autonomia. Ao incluir os filhos em decisões simples do dia a dia, abrimos espaço para conversas profundas, fortalecemos vínculos e mostramos, na prática, que a vida é feita de escolhas.

Dinheiro, nesse processo, deixa de ser um tabu ou uma fonte de ansiedade e torna-se uma ferramenta de realização. E o mais bonito é ver a criança crescer com essa consciência, fazendo escolhas com clareza, respeitando limites e sabendo que pode conquistar grandes coisas com esforço e consistência.

Que este capítulo possa inspirar sua família a transformar pequenos momentos em grandes oportunidades de crescimento. E que, ao final de cada meta alcançada, esteja não apenas a realização de um desejo, mas a certeza de que seu filho está aprendendo a construir o próprio caminho com consciência e propósito.

Agora, mãos à obra: qual será o primeiro objetivo de poupança do seu filho?

BIBLIOGRAFIA

ALADDIN. Duração: 90 min. Direção: John Musker e Ron Clements. Plataforma: Disney+. 1992.

“Quando a criança poupa com propósito, ela se torna protagonista de suas escolhas.”

Janser Rojo

Que ensinamentos este capítulo trouxe para sua vida e suas finanças?

KAREN GAMARANO

Vivi em seis países e aprendi que finanças e cultura têm algo em comum: ambas revelam o que realmente valorizamos. Essa vivência moldou meu olhar curioso, aberto e humano. Sou casada com um italiano há mais de dez anos e mãe de uma menina de 3 anos, que já está quase falando quatro línguas fluentemente. Vivo a integração cultural dentro e fora de casa. Comunicativa, criativa e estratégica, escuto com atenção e ajo com clareza. Sou guiada por valores sólidos: fé em Deus, dedicação à família e a crença de que o trabalho enobrece. Uno empatia e compreensão em tudo o que faço. Como planejadora financeira, sou parceira e mentora, ajudando meus clientes a alinhar suas escolhas com seus valores e objetivos, construindo uma vida com mais sentido, segurança e realização.

bancate_brasil

karengamarano

Karen Gamarano

NA VOLTA A GENTE **COMPRA**

13

O QUE OUTRAS CULTURAS PODEM ENSINAR SOBRE FINANÇAS

Por Karen Gamarano

Minha história com as finanças começou muito cedo, quando eu ainda era criança. Lembro-me de ver minha mãe, sempre elegante, preparando o almoço para mim e para minhas irmãs com uma mão, enquanto falava ao telefone com a outra, com seus clientes. Ela nos deixava brincar de banco com os dólares em espécie que tinha no seu escritório de importação e exportação. Ela foi uma grande inspiração para mim e, embora sua jornada tenha tomado rumos diferentes, deixou uma marca forte que carrego desde a infância. Cresci entre conquistas e perdas, aprendendo que sucesso e fracasso andam juntos. E foi essa vivência que despertou em mim um profundo interesse por finanças pessoais.

Compreender finanças pessoais sem levar em conta o contexto cultural e histórico em que a pessoa está inserida torna-se uma tarefa incompleta e, de certa forma, mecânica. Hoje, tenho um imenso prazer em estudar História, mas confesso que não foi sempre assim. Aprendi a gostar dela de um jeito mais profundo quando conheci meu marido, um diplomata italiano, que, sem dúvida, foi moldado pelo contexto familiar e pela cultura de seu país.

Na escola, sempre fui uma aluna mediana quando o assunto era História. Por ser naturalmente curiosa, até gostava da ideia, mas as aulas me pareciam distantes, longe da minha própria realidade cultural. Tentava imaginar o Império Romano e toda sua complexidade, mas, para ser sincera, tudo parecia muito chato, principalmente porque não conseguia enxergar a relevância de aprender aquilo. Acho que foi por isso que, no início do nosso namoro, meu marido me deu o livro *A história da arte* (Gombrich, 2000). O motivo? Bem, eu cometi uma gafe das grandes ao confundir o pintor Botticelli com o cantor Bocelli. E, claro, essa foi só a primeira de muitas que ainda viriam.

Quando meu marido e eu nos mudamos para Buenos Aires, em 2019, senti como se estivesse revivendo a história que vivi com meus pais em 1989, no Brasil. De 2019 a 2023, experimentei uma versão diferente de dificuldade econômica, mas a economia da Argentina me lembrava, em muitos aspectos, a do Brasil de 89. Era como se eu tivesse voltado no tempo.

Minha primeira semana como moradora da cidade foi marcada por uma cena que não esqueci: ao caminhar pelo bairro de Palermo, vi enormes filas de pessoas esperando para entrar nos bancos. Em 2020, a inflação na Argentina foi de 36,1% (El Pais Diario, 2021); em 2021, subiu para 50,9% (El Pais, 2022) e, em 2022, ultrapassou os 94% (El Cronista, 2023). A desvalorização do peso argentino tornava cada vez mais difícil para as pessoas comprarem o que precisavam. Todos ao nosso redor recorriam a moedas mais fortes, como o dólar ou o euro, para se proteger da constante perda de valor da moeda local.

Lembro-me de ouvir nossos colegas estrangeiros sempre alertando: "Aproveitem para comprar aquele produto italiano no supermercado X, porque amanhã pode ser que não encontrem mais". Isso me transportava diretamente para uma memória vívida de 1989, no Brasil, quando vi minha mãe empurrando quatro carrinhos de supermercado enquanto todos nos observavam, espantados. Naquele momento, senti um misto de constrangimento, mas também uma alegria genuína por podermos levar para casa o meu pacote de bolacha favorito.

Sabe aquela história de que "dinheiro é tudo igual em qualquer lugar do mundo"? Esquece. O jeito como a gente lida com dinheiro tem tudo a ver com a nossa origem, com a forma como fomos criados e até com nossas crenças. Isso ficou cada vez mais evidente para mim, especialmente por estar sempre exposta a culturas diferentes e a extremos econômicos.

Em alguns lugares, o dinheiro é uma ferramenta de crescimento. Em outros, é um problema a ser resolvido. Tem gente que confia no banco, tem gente que esconde dólares no cofre. Agora, imagina colocar na mesma sala Tom Parker, de Wilmington, Delaware; Agustina Romero, de Buenos Aires; Ciro Esposito, de Nápoles; Mirko Petrović, de Belgrado; e Hassan El Fassi, de Rabat. Em menos de cinco minutos, ia sair um debate daqueles. Um ia falar que o crédito é essencial para crescer. Outro ia dizer que isso é loucura, que só se compra o que se pode pagar à vista. Outro ia contar que sobreviveu à hiperinflação e que dinheiro de verdade é aquele que você pode pegar com a mão. São personagens e histórias fictícios, mas com raízes nas vivências reais de famílias dos países onde morei.

No meio de tudo isso, Hassan provavelmente lembraria todo mundo de que o dinheiro também tem um papel moral e social. Mas, no fundo, eles não são tão diferentes assim. Cada um deles está tentando proteger o que tem e garantir um futuro melhor para suas famílias. Só que o jeito que fazem isso depende da cultura em que cresceram. E, cá entre nós, no Brasil, a gente tem um pouco de cada um deles.

O sonho americano e o preço do crédito

Tom Parker cresceu acreditando que esforço e planejamento bastavam para vencer. Entregou jornais, fez bicos, estudou com empréstimo, financiou casa e carro, abriu um negócio. O crédito, para ele, era um degrau, não um risco. Mas quando a crise de 2008 chegou, tudo desabou: a empresa faliu, as dívidas cresceram e a fé no sistema virou um fardo. Tom não errou nas contas, errou na confiança. Apostou que o futuro seria tão previsível quanto o passado parecia ser. O problema é que a vida financeira raramente obedece a lógica; ela obedece ao inesperado. Se tivesse cruzado com Ciro, de Nápoles, ele teria dado um suspiro e dito: "*Tom, mio caro, cca nisciuno è fesso!*" (Tradução livre: "Aqui ninguém é besta!". Expressão do dialeto napolitano, usada para dizer que a pessoa não é tão ingênua assim e sabe se virar.)

A economia napolitana e o jeito de se virar

Em Nápoles, na Itália, os Esposito mantêm uma pizzaria há três gerações. Se você se aproximar do velho Ciro e perguntar como ele conseguiu manter o negócio por tanto tempo, sem nunca ter pegado um empréstimo no banco, ele soltará uma risada e dirá: "Porque o banco aqui é a família, bello!". O que Ciro está dizendo, sem rodeios, é que a economia napolitana opera de maneira diferente. Ela se sustenta na informalidade, na confiança e nas conexões pessoais. Lá, os negócios não sobrevivem apenas pela lógica dos contratos ou pela frieza das instituições financeiras. Eles prosperam porque todos se conhecem, fazem acordos de boca e emprestam dinheiro dentro de círculos familiares. Se um parente decide começar algo novo, o dinheiro vem de casa — sem juros, sem papéis, apenas com um laço invisível de confiança que atravessa gerações. Não é o banco que move a economia local, é o calor da comunidade.

Entre a autossuficiência sérvia e o mundo global

Mirko Petrović, em Belgrado, sempre repetia para o filho Milan: "Quem tem dinheiro no banco e não tem comida na mesa, já perdeu a guerra". Essa mentalidade, construída por décadas de escassez e incerteza, refletia a luta pela sobrevivência. Durante muito tempo, o foco era a autossuficiência: guardar, plantar, proteger. O futuro carregava incertezas demais e o presente funcionava como um tabuleiro instável: qualquer movimento errado podia custar caro. Mas algo está mudando. Nos últimos anos, especialmente em Belgrado, a mentalidade de prudência excessiva está sendo desafiada. Jovens como Milan estão descobrindo que, além de garantir o básico, é possível arriscar, investir e até sonhar. No entanto, o aprendizado é claro: o sucesso financeiro não é uma fórmula, mas uma adaptação constante ao inesperado. Se Milan tivesse conversado com Agustina Romero, ela provavelmente sorriria e diria: "Pois é, Milan, aqui a gente aprendeu que sobreviver vem primeiro".

O "banco do colchão" e a sobrevivência financeira argentina

Carolina cresceu ouvindo da mãe Agustina: "Dinheiro de verdade é dólar ou imóvel". Em Buenos Aires, não tem essa de confiar em banco ou no governo. O argentino aprendeu na marra que o peso desvaloriza, que a inflação pode dobrar do dia para a noite e que a única coisa garantida é a incerteza. Por isso, a casa dos Romero tem um cofre escondido, onde eles guardam dólares — uma prática comum na Argentina. Quando alguém precisa de dinheiro, a conversa não é "vou ao banco", mas sim "será que minha mãe tem uns dólares guardados?".

O dinheiro como princípio moral no islã

Minha experiência financeira em Marrocos foi, em muitos aspectos, um contraste com o que vivi nos países ocidentais. Um exemplo simples ilustra isso: quando meu marido pediu um cartão adicional para mim, ele ficou surpreso ao ver que veio no nome dele, não no meu. Esse pequeno detalhe reflete uma realidade: em muitas famílias muçulmanas, o controle financeiro ainda é predominantemente masculino, pois, no Islã, é ao homem que cabe garantir o bem-estar econômico da família. A relação com o dinheiro é guiada por princípios éticos profundos.

Hassan, um amigo, nunca tomou empréstimos bancários, pois sua fé proíbe o lucro sobre o empréstimo. Quando seu sobrinho quis abrir um negócio, a família se uniu para ajudá-lo, sem esperar retorno imediato. Mais que generosidade, era um dever moral. No Marrocos, especialmente nas gerações mais velhas, o dinheiro circula cercado de responsabilidade, afeto e solidariedade. Ele não é para acumular, mas para conectar. A economia não é vista como um jogo individual, mas como uma rede interligada, onde todos têm uma parte. Ainda assim, entre os mais jovens, moldados pela globalização, cresce o desejo de caminhos próprios e identidade individual. Pode ser que ela se adapte — sem perder sua essência.

O que a nossa história diz sobre o nosso dinheiro

No Brasil, vivemos um mosaico. Herdamos a ousadia dos americanos, a cautela dos argentinos, a alma criativa dos napolitanos, a força silenciosa dos sérvios e o calor das famílias marroquinas. Crescemos entre conselhos, silêncios e jeitos herdados de lidar com o dinheiro. Às vezes arriscamos, às vezes tememos. E você? Já se perguntou que parte disso veio no sangue dos seus antepassados? O que será que a sua história, mesmo aquela de que você não se lembra, sussurra nas suas decisões financeiras de hoje?

BIBLIOGRAFIA

GOMBRICH, E. H. A *história da arte*. Rio de Janeiro: LTC, 2000.

INSTITUTO NACIONAL DE ESTATÍSTICA E CENSOS. Inflação medida pelo Índice de Preços ao Consumidor (IPC). Disponível em: https://shre.ink/egQh. Acesso em: 27 maio 2025.

EL PAÍS DIARIO. Dato Indec: La inflación de diciembre fue del 4% y acumuló un 36,1% en todo el 2020. 16 jan. 2021. Disponível em: https://shre.ink/egQ7. Acesso em: 22 mar. 2025.

EL PAÍS. Argentina registró una inflación de 50,9% en 2021. 13 jan. 2022. Disponível em: https://shre.ink/egQq. Acesso em: 22 mar. 2025.

EL CRONISTA. El Indec dio a conocer la inflación de 2022 que fue la más alta en 31 años. 12 jan. 2023. Disponível em: https://shre.ink/egQe. Acesso em: 22 mar. 2025.

“Viver em diferentes culturas me ensinou que finanças refletem nossos valores, e é isso que guia nossas escolhas mais profundas.”

Karen Camarano

Que ensinamentos este capítulo trouxe para sua vida e suas finanças?

KARLA BELOMO

Meu nome é Karla Soares Belomo. Sou advogada, servidora pública, investidora e educadora financeira. Atuei por mais de doze anos no mundo corporativo, na área de recursos humanos, e hoje ajudo pessoas a transformarem sua relação com o dinheiro de forma prática, leve e profunda.

Sou coautora do livro *Adeus, dívidas* (Vale *et al.*, 2024) e certificada como *practitioner* em Programação Neurolinguística (PNL), o que ampliou minha atuação com foco em autoconhecimento, mentalidade e comportamento financeiro.

Utilizo todo o meu repertório — jurídico, corporativo, comportamental e financeiro — para conduzir meus alunos a tomarem decisões mais conscientes, realizarem sonhos e viverem com mais liberdade.

Cristã, apaixonada por ensinar, dançar e viajar, busco experiências que expandam minha visão de mundo e aprofundem meu trabalho com pessoas reais, com histórias e desafios como os nossos.

karlabelomo
+55 (41) 98859 1207
Karla Belomo
contato@karlabelomo.com
www.karlabelomo.com

NA VOLTA A GENTE **COMPRA**

14

ALINHANDO VALORES PESSOAIS E FINANCEIROS

Por Karla Belomo

Como as decisões financeiras afetam a qualidade de vida familiar

Você já se perguntou por que algumas decisões financeiras parecem tão difíceis, mesmo sabendo o que seria "certo"? Ou por que tantas famílias vivem no piloto automático, repetindo padrões que não refletem o que valorizam?

A verdade é que toda decisão financeira é, antes de tudo, uma decisão sobre o que consideramos importante. E, quando nossos valores não estão claros ou alinhados, corremos o risco de trocar o essencial pelo urgente ou o duradouro pelo prazer momentâneo. Esse desalinhamento afeta diretamente a qualidade de vida — muitas vezes, de forma sutil e silenciosa, sem que nos demos conta de como fomos nos afastando do que realmente importa.

Tomar decisões financeiras em família vai muito além de fazer contas. Dinheiro é um instrumento carregado de significados, conectados aos nossos sonhos, prioridades e crenças. Quando os valores pessoais e familiares estão desalinhados, até conquistas financeiras podem gerar frustração, conflitos e sensação de vazio. Por isso, alinhar valores é essencial para uma vida financeira que promova não apenas estabilidade, mas também harmonia, propósito e realização no lar.

Alinhar valores não é apenas compartilhar ideias: é unir propósitos, sonhos e ações. Quando a família caminha com base em valores em comum, os desafios se tornam mais leves, as decisões mais claras e os resultados mais consistentes. Esse alinhamento fortalece a confiança e a conexão, e cria um ambiente onde todos se sentem parte ativa e corresponsáveis.

É comum ouvirmos que as pessoas desejam mais tempo com a família, saúde, estabilidade e paz de espírito. Mas, quando observamos como o tempo e o dinheiro são usados no cotidiano, percebemos que, muitas vezes, há incoerência entre o discurso e a prática. Isso revela uma possível falta de clareza sobre o que realmente é importante ou uma dificuldade de transformar os valores em escolhas concretas no dia a dia.

Grande parte das decisões financeiras familiares é tomada com base em padrões herdados, impulsos emocionais ou comparações externas. É o clássico "se fulano tem, eu também deveria ter". Mas será que aquilo que funciona para o outro também serve para você?

Alinhar valores e decisões financeiras é o primeiro passo para sair desse ciclo automático. É o que possibilita viver de forma mais consciente, conectada ao que verdadeiramente importa.

O que são valores?

Valores são princípios que orientam nossas escolhas, comportamentos e prioridades. Eles funcionam como uma espécie de bússola interna que guia nossas decisões e nos ajuda a determinar o que é importante, certo ou desejável em nossas vidas. São como raízes que sustentam nossas ações, ainda que, muitas vezes, atuem de forma silenciosa e inconsciente.

Cada pessoa tem seus próprios valores individuais, formados ao longo da vida e influenciados por experiências, cultura, educação, exemplos recebidos e vivências pessoais. Alguns exemplos de valores são: liberdade, honestidade, segurança, amor, reconhecimento, justiça, espiritualidade, autonomia, equilíbrio, respeito, entre tantos outros.

Uma boa maneira de identificar seus valores é começar a observar o que o(a) incomoda profundamente quando é desrespeitado. Outra estratégia é se perguntar: "Em quais momentos da minha vida me senti mais feliz e realizado(a)?".

As respostas a essas perguntas revelam o que realmente importa para você e ajudam a trazer clareza para as escolhas que precisam ser feitas. Essa clareza é essencial para alinhar sua vida financeira com seu propósito pessoal.

Valores na família

Dentro de uma família, é essencial reconhecer que cada membro tem seus próprios valores — e isso é saudável. A diversidade de valores pode enriquecer os vínculos e trazer novas perspectivas. No entanto, para que o lar seja um espaço de harmonia, cooperação e crescimento, é importante que a família saiba quais são os objetivos em comum e no que cada um está disposto a contribuir. Isso inclui conversas honestas, escuta ativa e acordos reais.

Alinhar os valores familiares não significa anular os pessoais; significa encontrar um ponto de equilíbrio em que todos se sintam respeitados e pertencentes. Às vezes, isso envolve ceder em alguns pontos e negociar prioridades — tudo para que o grande sonho da família se torne possível e sustentável.

Um lar harmonioso não acontece por acaso, mas quando todos entendem que o "nós" é tão importante quanto o "eu", e que caminhar juntos vale mais do que vencer sozinho.

Valor é tudo o que importa para nós. É o que, quando atendido, motiva-nos a agir. Se não enxergamos valor em algo, dificilmente teremos energia ou disposição para realizá-lo. Nossas decisões financeiras são moldadas por esses valores — tanto os individuais quanto os compartilhados com a família.

Cada valor é sustentado por critérios: condições específicas que precisam ser atendidas para que sintamos que aquele valor foi respeitado. Por exemplo, segurança pode ser um valor comum a todos, mas, para um membro da família, pode significar ter uma reserva de emergência, enquanto para outro, significa estar livre de dívidas. Essas diferenças não são obstáculos; são convites ao diálogo, à escuta respeitosa e à construção de acordos mais conscientes.

Existem valores inegociáveis, princípios ou crenças que uma pessoa considera absolutamente essenciais e que não estão sujeitos a discussão ou negociação. São valores que definem a identidade e o comportamento de alguém, guiando decisões e ações de forma inabalável. Existem também valores circunstanciais, que são importantes, mas podem ser adaptados ou ajustados de acordo com o contexto ou a fase da vida. Reconhecer essas nuances fortalece os vínculos e melhora a qualidade das decisões.

Todo conflito é, em essência, uma divergência de valores ou de critérios. Ao focar o que pode ser construído em vez do que está sendo perdido, conseguimos criar motivação genuína e sustentável baseada em propósito, e não apenas em alívio momentâneo.

No ambiente familiar, é comum sentirmos que precisamos dar conta de tudo: economizar, investir, viajar, garantir boa educação para os filhos, cuidar da saúde, reformar a casa, celebrar a vida. E, sim, todos esses sonhos são possíveis — mas nem sempre ao mesmo tempo.

Haverá momentos em que será necessário desequilibrar intencionalmente algumas áreas para fortalecer outras. A realização de objetivos extraordinários muitas vezes exige um desequilíbrio estratégico, uma flexibilidade consciente, em que algumas áreas ficam temporariamente em segundo plano para permitir que um projeto maior floresça.

Priorizar é um exercício de foco e comprometimento com aquilo que se deseja construir. É entender que, em determinados momentos, será preciso concentrar esforços em uma meta comum, com a certeza de que é uma escolha intencional, feita com diálogo e visão de futuro.

Quando os valores estão alinhados, torna-se mais fácil decidir juntos qual área merece essa dedicação especial — e como será feita a compensação desse desequilíbrio. Isso fortalece a coesão familiar, pois cada um compreende e apoia as renúncias momentâneas em prol de um bem maior. Toda escolha exige renúncia. E fazer essas escolhas com clareza e intenção nos tira do estado constante de urgência, permitindo que a família aja com propósito — mesmo diante dos desafios inevitáveis da vida.

Toda decisão é um investimento. E o seu recurso mais precioso não é o dinheiro — é o tempo. Ele é finito, escasso e irrecuperável. Investir tempo em coisas que não importam é desperdiçar a oportunidade de transformar aquilo que realmente tem valor. Por isso, reavalie suas prioridades com frequência e tenha coragem de dizer "não" ao que te afasta do essencial.

As decisões financeiras impactam diretamente o bem-estar familiar nas dimensões emocional, social, educacional e até espiritual. Escolher investir na educação dos filhos pode significar adiar viagens ou reduzir o padrão de consumo. Por outro lado, priorizar experiências em família, como viagens ou momentos de lazer, pode fortalecer vínculos afetivos e criar memórias inesquecíveis.

Construir uma reserva de emergência, por exemplo, não apenas protege o patrimônio financeiro, mas também proporciona segurança emocional e reduz o estresse diante de imprevistos. Da mesma forma, investir em um imóvel próprio ou reformar a casa pode aumentar o sentimento de estabilidade. Não existe certo ou errado; cada família vai optar pelo que condiz com sua realidade.

Em contrapartida, decisões impulsivas e desalinhadas com os valores da família podem gerar frustrações, conflitos e insegurança. Gastos excessivos, dívidas desnecessárias ou investimentos sem planejamento comprometem mais do que o saldo bancário; afetam a confiança e a paz dentro do lar.

Harmonia familiar não significa ausência de escolhas difíceis; significa ter clareza de que cada esforço faz parte de um sonho coletivo. Quando há propósito, cada renúncia se transforma em celebração do que realmente importa.

Motivação é algo pessoal e está diretamente conectada com valores individuais. Conhecer os valores que movem cada membro da família permite oferecer apoio com empatia, respeitar diferenças e fortalecer a união. Ao reconhecer pequenas conquistas, é possível manter a motivação e avançar com mais leveza. No ambiente familiar, isso significa celebrar os pequenos passos e valorizar os microrresultados. Estabelecer metas de curto, médio e longo prazo ajuda a manter o foco e alimenta a confiança ao longo da jornada.

Alinhar valores pessoais e financeiros no ambiente familiar é mais que uma estratégia: é um exercício contínuo de diálogo, escuta e amor. Valores claros nos ajudam a fazer escolhas conscientes, estabelecer prioridades realísticas e agir com intenção. Quando uma família une seus valores, constrói uma base sólida para realizar sonhos juntos, mantendo a tranquilidade, conexão e harmonia. E assim, ao longo do caminho, não apenas atingimos metas financeiras, mas cultivamos o amor, a confiança e o respeito mútuo, visando sustentar uma vida familiar plena, com mais significado e propósito.

BIBLIOGRAFIA

VALE, R. *et al. Adeus, dívidas*: estratégias práticas para cuidar do seu dinheiro. Barueri: Chave Mestra, 2024.

“Alinhar valores e decisões financeiras é o primeiro passo para sair do ciclo automático e viver com propósito.”

Karla Belomo

Que ensinamentos este capítulo trouxe para sua vida e suas finanças?

KASSIA SILVEIRA BORGES

Sou Kassia Silveira Borges, casada, natural de Criciúma/SC e coautora do livro *Adeus, dívidas*. Sou formada em Administração, pós-graduada em Gestão Empresarial e trabalhei por muitos anos em instituições financeiras. Minha trajetória começou como a de muitas famílias, pois vivenciei o caos financeiro de perto: dívidas e incertezas que quase custaram o meu casamento. Mas, apesar do medo, resolvi ter um final feliz. Foi a vontade de manter minha família unida que me deu forças. Fui em busca de conhecimento, mudei meus hábitos, salvei meu casamento e transformei minha vida. No meio de tudo isso, acabei encontrando um novo propósito: ensinar outras famílias que também estão em busca do seu final feliz e sair do caos financeiro. Hoje, já são centenas de pessoas e famílias transformadas com o meu método. Acredite: o dinheiro é um instrumento de escolhas, não de limitações, e, neste capítulo, você entenderá o porquê.

kassia.financas

+55 (48) 99827-6294

contatokassiafinpro@gmail.com

NA VOLTA A GENTE **COMPRA**

15

ORÇAMENTO EM CASAL: UNIÃO SEM PERDER IDENTIDADE

Por Kassia Silveira Borges

O início do caos

Sempre corri atrás de bons salários. Era ex-bancária, vivia imersa no universo financeiro, falava de números o dia inteiro. Mas, ironicamente, minha vida pessoal era uma bagunça maquiada. Como muitos endividados que atendo hoje, eu fazia empréstimos para quitar o cartão de crédito. Respirava aliviada por um tempo, até me ver de novo com o limite estourado. Usava o bônus como um respiro momentâneo e fingia que estava tudo sob controle.

Quando me casei, encarar a realidade financeira a dois foi ainda mais desafiador. Meu marido sempre foi organizado e metódico, enquanto eu vinha de um histórico caótico. Nos primeiros meses, consegui omitir a situação, mas bastou ele montar o orçamento da casa para o conflito começar. As discussões se tornaram frequentes. A cada mês, ficava mais difícil esconder. Por pouco, não desistimos um do outro.

O problema nunca foi o dinheiro

Ambos ganhávamos bem. Eu, com bons benefícios no banco; ele, com uma renda ainda maior. O problema não era o quanto entrava, mas para onde o dinheiro ia. Eu gastava impulsivamente, ele ainda guardava algo, mas longe do ideal. Sem uma gestão unificada, até pagar uma conta virava disputa. Para amenizar, dividíamos as despesas conforme os nossos salários: ele pagava 70%, eu 30%. O restante era um mistério. Apesar dos sonhos, nada saía do papel. Estávamos vivendo o clássico "ganhar bem e viver para pagar boletos".

A descoberta

Durante um ano e meio, fomos levando. Ganhávamos bem, mas estávamos sem rumo. Com o tempo, iniciamos uma reforma na casa, financiada com empréstimos, claro. Os custos aumentaram, e meu marido começou a carregar o fardo sozinho. Quando ele pediu ajuda com um bônus que eu havia recebido, a verdade veio à tona: eu estava endividada até o pescoço. Dívidas para cobrir outras dívidas, consumo impulsivo com estética, roupas caras e cartão estourado. Foi o estopim.

Diante disso, me questionei:

- "Por que não pedi ajuda antes?";
- "Por que não fui sincera?";
- "Como consigo gerir o dinheiro dos outros e fracassar com o meu?".

A ficha caiu. Era preciso mudar urgente. Busquei mais renda, troquei de banco, reestruturei minha rotina e iniciei o processo de retomada. Ainda longe da solução, mas, pela primeira vez, decidida.

A grande mudança

Em meio à reorganização financeira, vi um anúncio no Facebook: "Já pensou em ganhar dinheiro sendo um planejador financeiro?". Meus olhos brilharam. Mas a autossabotagem veio rápido: "Como vou ajudar alguém se ainda estou no caos?". A resposta não veio de imediato. Deus planta sinais, mas espera o nosso movimento. Meu marido confiou em mim, e eu mergulhei de cabeça. Não só para salvar nosso casamento, mas para construir uma vida com propósito, verdade e consciência.

Quebrando paradigmas

Comecei o curso e, em pouco tempo, estava ajudando meus primeiros clientes. O valor era simbólico, mas a transformação era real. Enquanto isso, meu marido ganhava mais, mas o dinheiro ainda não "aparecia". Foi aí que percebi: o método que eu ensinava aos outros precisava ser aplicado em nossa própria casa.

Propus: "Amor, vamos unir as finanças?". A resposta foi imediata: não. Eu entendi. Ele já havia tentado me ensinar antes, e eu neguei. E, para quem ganha mais, ceder pode ser difícil. Orgulho, medo do passado, receios compreensíveis.

Mas algo dentro de mim sabia: o absurdo mesmo era vivermos separados em tudo. Fui vencendo, aos poucos. Mostrei minhas mudanças e os resultados dos meus clientes. Ele ainda duvidava, mas não por falta de amor, e sim por medo. Até que me deu um voto de confiança. E foi o suficiente.

Desafio aceito

Depois do "sim" à união financeira, veio o verdadeiro desafio: estruturar um novo modelo com leveza e método. Porque só boa vontade não resolve e só amor não sustenta um casamento com dívidas.

Compreendemos que não bastava juntar as contas. Era necessário criar uma cultura de consciência financeira no casal. A seguir, conheça o passo a passo que mudou tudo.

Passo a passo para organizar o orçamento em casal

1. Diagnóstico sem julgamento

Antes de qualquer planilha ou aplicativo, é essencial trazer a verdade para a mesa. Isso exige coragem emocional e escuta ativa. O casal precisa criar um espaço seguro para conversar sem acusações, sem interrupções e sem tom de voz elevado.

O que fazer

Cada um deve refletir e anotar individualmente:

- a renda líquida mensal (sem rodeios, com honestidade);
- as dívidas atuais, com valores, taxas de juros e credores;
- os gastos fixos (aluguel, luz, água, *internet*, transporte);
- os gastos variáveis (alimentação fora, roupas, beleza, lazer);
- e, sobretudo, seus objetivos de vida (pessoais e em comum).

2. Escolha do modelo de orçamento ideal

Não existe um modelo melhor, e sim aquele que respeita a individualidade de cada um e sustenta a visão de futuro do casal. O segredo aqui é o respeito mútuo, a flexibilidade e a clareza de papéis.

A seguir, os modelos mais usados.

- Tudo junto: ideal para casais com objetivos fortemente alinhados e alto nível de confiança. Todos os recursos entram em uma única conta e todas as decisões são compartilhadas.

  Risco: sensação de perda de autonomia, especialmente se um tem hábitos muito diferentes do outro.
- Contas separadas com fundo comum: cada um mantém sua conta individual, mas ambos contribuem proporcionalmente para uma conta conjunta que arca com as despesas da casa.

  Vantagem: equilíbrio entre liberdade e parceria.
- Sistema híbrido com liberdade planejada: juntam-se as finanças essenciais e estabelece-se um valor fixo que cada um pode gastar como quiser, sem prestar contas.

  Benefício: reduz brigas por pequenas compras e valoriza o espaço individual.

3. Estrutura do orçamento do casal

Aqui entra a técnica, mas ela precisa estar a serviço da vida. A regra 50-30-20 é simples, eficaz e adaptável.

Distribuição sugerida da renda total do casal:

- 50%: para necessidades básicas e contas fixas (moradia, transporte, alimentação essencial, saúde, escola);
- 30%: para manter o estilo de vida e os desejos (academia, restaurantes, estética, presentes, cursos não obrigatórios);

- 20%: para realizar sonhos, reservar e investir (viagens futuras, aposentadoria, projetos conjuntos).

4. Acordos financeiros claros

Relacionamentos sem um contrato emocional tendem a ruir. A clareza traz leveza. Por isso, os acordos devem ser conversados e revisados com frequência.

Alguns pontos-chave para alinhar:

- Qual é o valor que cada um pode gastar sem avisar?
- Como decidiremos juntos sobre compras acima de R$ 500, R$ 1.000 ou mais?
- Como lidaremos com presentes entre si?
- Quem paga o quê nas viagens ou celebrações?
- E se surgir um imprevisto? Usaremos qual reserva?

5. Se um ainda está endividado

É aqui que muitos casais desmoronam emocionalmente, porque o endividamento, muitas vezes, é visto como uma falha moral, e não como um desequilíbrio temporário. Acolher o outro nesse momento é sinal de maturidade.

Caminhos possíveis:

- façam uma lista completa das dívidas: valores, prazos e taxas envolvidas;
- classifiquem por prioridade (dívidas com juros mais altos devem ser quitadas primeiro);
- decidam juntos se o pagamento será feito em conjunto ou separadamente;
- busquem estratégias de renegociação e formas de aumentar a renda;
- considerem apoio externo: mentorias, terapia financeira, ferramentas de gestão;
- leiam o livro do qual sou coautora: *Adeus, dívidas.*

6. Façam controles semanais, com base nos gastos estipulados para o mês.

O acompanhamento constante é o que garante a permanência da transformação. Uma vez por semana, 15 minutos bastam. Essa prática evita que os desvios do mês se acumulem.

Como fazer:

- escolham um dia fixo (domingo à noite, por exemplo);
- confiram juntos o que foi gasto e se está dentro do planejado;

- façam ajustes, sem culpa, com foco na solução;
- celebrem as pequenas conquistas.

Autoconhecimento: a chave que faltava

No processo de reconstrução, percebi que falar sobre dinheiro é também falar sobre identidade. Cada dívida escondida carregava uma dor silenciosa, cada impulso de compra mascarava uma necessidade não ouvida.

Por trás da minha bagunça financeira, havia uma mulher exausta de provar valor, buscando pertencimento em etiquetas e autoestima em boletos parcelados.

Foi preciso coragem para reconhecer que o problema não era a planilha, mas sim a minha relação emocional com o dinheiro. Comecei a estudar mais profundamente sobre comportamento financeiro, padrões familiares, crenças limitantes. E então entendi: eu não era desorganizada. Estava apenas repe-tindo histórias.

Cresci ouvindo que dinheiro era escasso, que sucesso era sinônimo de sacrifício, que liberdade era privilégio de poucos. Levei isso para o casamento.

Como tantas mulheres que atendo hoje, entrei na relação carregando medos que não eram só meus. Medo de ser um peso. Medo de ser controlada. Medo de depender.

Comecei a ensinar finanças como quem entrega uma chave, não só para planilhas, mas para portas internas. Vi casais resgatarem a conexão que parecia perdida. Vi pessoas redescobrirem sua força. Vi em mim o reflexo de uma nova Kassia: mais consciente, mais inteira, mais livre.

E então percebi que liberdade financeira não é sobre ter muito, mas sobre fazer escolhas em paz. Sobre olhar para os boletos sem dor. Sobre não fugir da fatura. Sobre saber que dinheiro é energia e que quando ele é tratado com respeito, responde com abundância.

Se esse capítulo falou com você, te convido a conhecer meu trabalho, meus conteúdos e minhas mentorias. O próximo passo está mais perto do que você imagina. E, se você me permitir, posso caminhar com você nessa virada de chave.

Na volta a gente compra? Talvez.

Mas agora... na volta a gente transforma.

"Porque o amor merece leveza.
E a vida a dois,
liberdade financeira."

Kassia Silveira Borges

Que ensinamentos este capítulo trouxe para sua vida e suas finanças?

KÁTIA CARVALHO

Sou Kátia Carvalho, nasci em Adustina, na Bahia, e resido em Santos, em São Paulo, com minha família: meu marido André, com quem compartilho quatroze anos de casamento, e nossa filha Maria Vitória. Desde a adolescência, quando tive meu primeiro emprego como menor aprendiz, desenvolvi o hábito de anotar ganhos e gastos. Essa atitude simples transformou minha vida e me ajudou a começar a poupar dinheiro. Hoje, minha missão é ajudar famílias a conquistar tranquilidade financeira.

Com certificações CEA (Certificação de Especialista em Investimentos da Anbima) e CFP® (Certified Financial Planner), atuo há mais de uma década no mercado financeiro, com passagens por dois dos maiores bancos do país. Atualmente, sou planejadora financeira na Grão Investimentos, empresa do Thiago Nigro, onde compartilho conhecimento sobre educação e liberdade financeira.

financascompartilhadas
+55 (13) 99663-9141
Finanças compartilhadas

NA VOLTA A GENTE **COMPRA**

16

RESERVA FAMILIAR: QUEM GUARDA SEMPRE TEM

Por Kátia Carvalho

Eu tinha apenas 12 anos quando comecei a entender, na prática, o valor do dinheiro, mas, mais do que isso, o valor do trabalho, da responsabilidade e da organização financeira. Minha mãe era caseira na cidade de Guarujá/SP, onde morávamos, e também trabalhava como empregada doméstica.

Todas as manhãs, antes de qualquer outra coisa, eu varria a frente da casa, onde havia uma enorme árvore da qual caíam muitas folhas, todos os dias, na calçada. Essa era minha missão: deixá-la limpa. Aquela tarefa era meu jeito de ajudar minha mãe, além de outros afazeres domésticos. Até que, em um daqueles dias, uma vizinha me chamou e perguntou: “Kátia, eu vejo você todo dia varrendo essa calçada. Você toparia varrer a minha também? Pago R$1 por dia”.

Na hora, meus olhos brilharam. Naquela época, eu era apaixonada pelas revistas da Capricho e pelas de horóscopo do João Bidu, mas minha mãe não tinha condições de comprá-las todos os meses. Foi aí que vi uma oportunidade: “Sim, eu topo!”, respondi com entusiasmo.

Então, comecei a varrer a calçada da vizinha todos os dias. No fim do mês, eu tinha R$ 30, que foi o meu primeiro dinheiro. Orgulho puro! Mas, muito além do orgulho que eu sentia de mim mesma, aquele também foi o primeiro passo da minha educação financeira. Minha mãe, com sua sabedoria, me ensinou algo fundamental: “Kátia, não gaste tudo em revistas. Guarde um pouco para comprar o lanche da escola também”.

Quando eu recebia, deixava o dinheiro com minha mãe, que depositava em uma conta poupança no banco. Sempre que eu precisava de dinheiro, pedia a ela para sacar. Ela dizia que eu nem gastava tudo, que comia a merenda da escola e economizava para outras coisas, pois, se sobrasse dinheiro, eu também conseguiria comprar uma roupa. Então, se eu guardasse R$ 10 por mês, depois de dez meses teria R$ 100. Com esse valor, conseguiria comprar uma roupa — e, para mim, isso era poderoso.

E foi assim, com apenas 12 anos, que aprendi uma das lições mais importantes da minha vida: se eu gastasse tudo com revistas, ficaria sem lanche; e se gastasse tudo com lanche, não teria minhas revistas. Assim, se eu gastasse menos, ainda poderia poupar para outras coisas. Aquela era a semente do **planejamento financeiro** germinando em mim.

E essa consciência nasceu em casa, porque eu cresci ouvindo minha mãe sempre tentando convencer meu pai a guardar dinheiro: "Tonho, guarda um pouco! Você trabalha como pedreiro, e quando a obra termina, você fica sem dinheiro. Se você poupar enquanto está recebendo salário, não ficará apertado nesses períodos em que não tiver renda. Conseguirá manter a casa e me ajudar".

Mas meu pai não ouvia. Gastava tudo. E quando a obra acabava, quem segurava as pontas era minha mãe. Ela fazia mágica com pouco: cuidava da casa de caseiro, passava roupa para fora, limpava outras casas, vendia cosméticos. Sempre arrumava um jeito. Eu via tudo aquilo e pensava: "Por que meu pai não guarda dinheiro? Por que ele não ajuda minha mãe?".

Aquilo ficou marcado em mim. Então, prometi a mim mesma: "Quando eu tiver meu próprio dinheiro, vou ajudar minha mãe e nunca vou gastar tudo".

Aos 14 anos, comecei a trabalhar como menor aprendiz no Centro de Formação Profissional Camp Guarujá. Logo depois, atuei como secretária em um consultório odontológico. Com meu primeiro salário-mínimo em mãos, comecei a poupar. E aquela se tornou minha maior missão: aprender a cuidar do dinheiro, sempre.

Foi minha mãe quem me ensinou um dos princípios mais poderosos da educação financeira: nunca gastar tudo o que se ganha. Hoje, percebo que, se todas as pessoas fizessem isso, não teríamos uma população tão endividada. Segundo dados do Serasa, de fevereiro de 2025, o Brasil bateu a marca de 75 milhões de inadimplentes, e a maioria tem entre 41 e 60 anos — um dado alarmante.

> Os dados do principal indicador de inadimplência no país apontam crescimento no volume de inadimplentes em fevereiro. Com 75 milhões de endividados, o mês registrou aumento de 0,54%, em comparação a janeiro.
>
> Os brasileiros com idades entre 41 e 60 anos representam a maior fatia da população com nome restrito, com 35,1%. Na sequência estão as faixas etárias de 26 a 40 anos (34%), acima de 60 anos (19,1%) e os jovens entre 18 e 25 anos (11,8%).
>
> Em fevereiro, o valor médio de cada acordo realizado na plataforma de renegociação de dívidas foi de R$ 698. No total, foram somados mais de R$ 12,17 bilhões em descontos concedidos.
>
> Outras 630 milhões de ofertas ainda estão disponíveis para negociação no Serasa Limpa Nome. Ao todo, são mais de R$ 910 bilhões em ofertas disponíveis (Serasa, 2025).

Sabe por que isso acontece? Porque muitas pessoas vivem um estilo de vida que não conseguem pagar.

Gastar menos do que se ganha, poupar, investir e viver com propósito. Esses são princípios básicos que nunca me ensinaram na escola, mas que a vida fez questão de me mostrar cedo, por meio dos exemplos da minha mãe.

Quando entrei na faculdade, aos 18 anos, o salário que eu ganhava no consultório era exatamente o valor da mensalidade. Saía do trabalho e ia direto para Santos estudar. Minha mãe me ajudava com os livros; uma amiga dela, Aldenoura, emprestava dinheiro quando aumentavam o valor das parcelas; e minha avó, Marina, também mandava o que podia para ajudar. E foi assim até que um patrão da minha mãe, o senhor Horácio, viu nosso esforço e se ofereceu para pagar minha faculdade, para eu conseguir pagar os livros e ir para Santos todos os dias. Por isso, costumo dizer (e minha mãe também sempre dizia): "Siga fazendo as coisas certas, que Deus sempre colocará pessoas boas em seu caminho".

Com 19 anos, entrei em um grande banco e esse foi um dos dias mais felizes da minha vida. Quando recebi a ligação informando que eu havia sido aprovada, pulei de alegria com minha mãe e minha irmã Carla. Aquele era o começo de uma nova história. Paguei a dívida com Aldenoura e disse ao senhor Horácio que agora eu podia pagar minha faculdade. Ele me respondeu: "Continue ajudando sua família. Eu vou te ajudar até o final". Só tenho a agradecer a essas pessoas que entraram na minha vida.

Com esse salário, comecei a guardar dinheiro. Meu sonho era comprar um apartamento para minha mãe. Ainda morávamos em uma casa de caseiro, e eu prometi a ela: "Um dia, a senhora vai ter um cantinho só seu".

Enquanto isso, ouvia muitas críticas: "Kátia, por que você não compra um carro? Anda de ônibus para ir ao banco e à faculdade. Você é bancária, como pode?". Mas eu respondia com convicção: "O carro pode esperar. Se eu comprar um carro agora, vou gastar com gasolina, IPVA e as parcelas. Isso vai atrasar os planos de comprar um apartamento para minha mãe. Meu sonho agora é dar um lar para ela".

Quando eu estava com 22 anos, comprei o apartamento. Foi outro dia inesquecível, fruto de planejamento, disciplina e de não ceder às pressões externas. Eu poupava o 13º salário, as participações nos lucros e parte do meu salário. Fiz um consórcio com uma taxa administrativa baixa, que, por ser funcionária do banco, saía muito mais barato do que fazer um financiamento imobiliário. Fiz tudo com estratégia.

Depois do apartamento, aí sim me planejei para comprar um carro, pois eu já estava casada e planejando engravidar. Eu falava que só engravidaria depois de ter um carro. E continuei firme nesse propósito, guardando quase 50% do meu salário.

Eu pensava assim: se eu vivia com um salário-mínimo antes, agora, com mais recursos, posso guardar ainda mais. Assim, continuei poupando todas as minhas participações nos lucros, o 13º salário e parte do salário que eu recebia, pois minha ideia era ter vários apartamentos e viver de aluguel no futuro.

Com o tempo, recebi uma proposta de outro banco e decidi aceitar. Logo depois, comprei outro apartamento e comecei a estudar investimentos. Com esses novos aprendizados, percebi que havia formas ainda melhores de fazer o dinheiro trabalhar por mim.

Investi em conhecimento e, anos depois, recebi uma proposta para trabalhar como planejadora financeira, que sempre foi minha vocação. Era para trabalhar em uma empresa que eu amava e com o que fiz durante toda a minha vida: planejamento financeiro, ajudando outras pessoas a fazer o mesmo. Teria que sair do banco e me tornar autônoma, mas, graças à minha reserva, tive liberdade para escolher esse novo caminho e pedir demissão, pois sabia que minha família estaria protegida se algo desse errado.

Hoje, estou vivendo o que um dia foi apenas um sonho.

Segurança é ter opções. Por isso, eu sempre digo: "Poupar é liberdade. Planejar é poder. Investir é sabedoria". Não caia na armadilha do *status*. Ter o carro do ano, roupas de marca, frequentar restaurantes caros: tudo isso é lindo nas redes sociais, mas, se você está usando o cheque especial ou fazendo empréstimos para sustentar esse estilo de vida, algo está errado.

Não viva para impressionar, viva para realizar. Pequenas escolhas consistentes, como começar com pouco, poupando todos os meses, são mais importantes do que sorte ou fórmulas mágicas.

Comece pequeno, mas comece. Poupe R$ 10, depois R$ 50, depois R$ 100. Crie sua reserva de emergência, quite dívidas e, então, comece a investir. Tenha um orçamento e controle seus gastos. Reservas financeiras protegem contra imprevistos. Tenha dinheiro para conquistar mais autonomia, e não *status*.

Quem guarda, sempre tem. Eu sou a prova disso. E, se eu consegui, você também consegue. Convido você a estar dentro da população que investe, e não entre os que estão endividados. Se quiser começar, me chama nas redes sociais ou no WhatsApp que eu ajudo você. Vamos construir sua liberdade juntos?

BIBLIOGRAFIA

SERASA. *Mapa de inadimplência e renegociação de dívidas no Brasil*, fev. 25. Disponível em: https://www.serasa.com.br/limpa-nome-online/blog/mapa-da-inadimplencia-e-renogociacao-de-dividas-no-brasil/. Acesso em: 6 maio 2025.

"Poupar é liberdade. Planejar é poder. Investir é sabedoria."

Kátia Carvalho

Que ensinamentos este capítulo trouxe para sua vida e suas finanças?

LEANDERSON REIS

Sou Leanderson Reis, casado com a Fernanda e pai da Maria Luísa. Engenheiro elétrico, atuei durante sete anos em projetos de telecomunicações para o setor de energia até encontrar meu verdadeiro propósito: transformar vidas por meio da consciência financeira e comportamental. Há quinze anos, tornei-me planejador financeiro. Desde então, atendi centenas de famílias e desenvolvi a metodologia que hoje é referência nacional. Sou fundador da Serafin e cofundador da Dashplan, contribuindo para que dezenas de milhares de famílias alcancem seus objetivos e conquistem o bem-estar financeiro. Como professor na academia Serafin, na Pontifícia Universidade Católica do Rio Grande do Sul (PUC-RS) e na Faculdade HUB, formei milhares de profissionais que buscavam construir uma carreira sólida em planejamento financeiro. Ao longo da jornada, também fiz mentoria para mais de mil profissionais em processo de transição de carreira.

leandersonreis.cfp
leandersonreis
Leanderson Reis, CFP®
leanderson.reis@serafin.com.br
www.leandersonreis.com.br

NA VOLTA A GENTE **COMPRA**

17

O IMPACTO DOS PEQUENOS HÁBITOS NO SEU FUTURO

Por Leanderson Reis

O que é a consciência financeira? Para começarmos a entender esse conceito, pensemos no seguinte: uma mente que se abre a novas ideias, novas concepções e novas consciência nunca mais será a mesma e não retornará ao seu estado original. Quando alcançamos a consciência, tomamos decisões mais inteligentes e alinhadas com nossos objetivos. Dessa forma, os resultados positivos, naturalmente, se multiplicam.

O meu despertar da consciência financeira

Na adolescência, descobri três paixões que moldaram minha vida.

Tecnologia: o fascínio por eletrônicos e computadores me levou à engenharia elétrica, profissão que exerci durante sete anos. Em 2010, pedi demissão para me dedicar ao planejamento financeiro. Desde então, aplico minha experiência em tecnologia no Dashplan, uma plataforma que conecta profissionais a famílias em busca de decisões financeiras mais inteligentes.

Perfis comportamentais: meu interesse pelo tema surgiu ao jogar on-line com pessoas de diversas culturas. Sem dominar o idioma, precisava antecipar suas ações, o que me levou à Teoria dos Jogos de Nash, à psicologia de Jung e ao estudo dos perfis comportamentais. Aprofundei-me no tema e tornei-me professor em instituições como a Pontifícia Universidade Católica do Rio Grande do Sul (PUC-RS), onde lecionei ao lado do renomado Daniel Kahneman, autor do livro *Rápido e devagar* (Kahneman, 2012) e vencedor do Prêmio Nobel de Economia em 2002.

Finanças pessoais: essa paixão nasceu ao ler *Pai rico, pai pobre*, de Robert Kiyosaki (2017). Duas lições me marcaram: que devemos trabalhar pelo dinheiro até que ele passe a trabalhar por nós (a tão sonhada independência financeira) e que a maioria das decisões financeiras é movida pela emoção. O dinheiro é um meio racional. É preciso gastar menos do que se ganha e investir com estratégia, que tem como fim conquistas emocionais: uma viagem, um jantar especial, a realização de um sonho. Quando confundimos o meio com o fim, tomamos decisões impulsivas.

Com o tempo, passei a ajudar amigos e colegas a decidirem com mais consciência. E foi em 2010 que abracei essa missão como propósito de vida. Desde então, mais de 15 mil famílias foram transformadas.

Espero que as dicas deste capítulo também inspirem você a olhar com mais carinho para o seu orçamento.

Os três momentos orçamentários

O orçamento familiar é um reflexo dos nossos projetos de vida e da preparação para a aposentadoria. Apesar das inúmeras variáveis envolvidas, existem apenas três situações orçamentárias:

1. gastar **menos** do que se ganha;
2. gastar **exatamente** o que se ganha;
3. gastar **mais** do que se ganha.

Vamos analisar cada uma delas. Reflita: em que momento sua família está?

1. Gastar mais do que se ganha

A renda mensal costuma ser ultrapassada. A saída é parcelar faturas, fazer empréstimos ou adiar o pagamento de contas. É crucial identificar: esse desequilíbrio é pontual ou frequente? Se for isolado, como em períodos de férias ou uma compra específica, pode ser resolvido com um bom planejamento. Se for recorrente, revela uma incompatibilidade entre renda e despesas. Nesse caso, ajustes mais profundos são urgentes.

2. Gastar tudo o que se ganha

O mês termina zerado. Muitas vezes, o que sobra vira gasto por impulso, com a ideia de que "dinheiro parado não serve para nada". Esse padrão alimenta o ciclo: "quanto mais ganho, mais gasto". Sem perceber, a família sobe o padrão de vida junto com a renda, mas sem formar reservas. Essa sensação de avanço é ilusória. Chamo isso de "mal invisível": uma bomba-relógio que só explode quando faltar recursos para manter esse padrão de vida no futuro.

3. Gastar menos do que se ganha

Em teoria, esse é o cenário ideal. Sobra dinheiro no fim do mês, permitindo investir na reserva, em projetos e na independência financeira. Mas, fica a pergunta: sobra quanto? Essa sobra é suficiente para alcançar todos os objetivos da família?

Se o plano exige poupar R$ 1.500/mês, mas a família guarda apenas R$ 500/mês, será preciso:

- otimizar o orçamento, ou;
- aumentar a renda (leva mais tempo e depende de fatores externos).

O ponto de partida está nas escolhas conscientes. Pequenas economias diárias abrem caminho para grandes conquistas, hoje e no futuro. Aqui, nasce o poder dos hábitos e de um orçamento estruturado com intenção e propósito.

O conceito do orçamento ideal

Ao analisar para onde vai o dinheiro, os gastos podem ser divididos em quatro grandes categorias.

1. Despesas obrigatórias: itens essenciais e relacionados ao estilo de vida básico (moradia, alimentação, filhos, transporte etc.).

2. Despesas não obrigatórias: aquelas relacionadas ao lazer e aos hábitos, que podem ser reduzidas sem afetar a rotina (bares, restaurantes, compras etc.).

3. Projetos de vida: parcelas relacionadas à aquisição de bens (como casa e carro) e objetivos planejados.

4. Investimentos e proteção: reserva, projetos, aposentadoria e segurança.

A ordem ideal de saídas seria: obrigatórias → investimentos → não obrigatórias → projetos, mas, na prática, muitos deixam os investimentos por último e só investem o que "sobra" (se sobrar!). Isso ocorre porque o prazer imediato é mais palpável do que os ganhos futuros.

Com consciência e planejamento, percebemos que investir regularmente é o que torna os sonhos de curto, médio e longo prazo possíveis.

Otimização orçamentária

Como abrir espaço no orçamento para investir sem perder qualidade de vida? A resposta está em fazer ajustes inteligentes, começando pelas despesas não obrigatórias, em que há mais margem para cortes conscientes.

A seguir, veja as nove subcategorias com exemplos práticos:

1. assinaturas e serviços (serviços de *streaming*, *internet*);
2. compras (eletrônicos, on-line);
3. esportes (academia, suplementos);
4. lazer (cinema, *hobbies*);
5. presentes;
6. bares e restaurantes;
7. roupas e acessórios;
8. tarifas bancárias;
9. viagens.

Exemplo 1: pedir comida no aplicativo dez vezes no mês, a R$ 50 cada, gera R$ 500 de despesa. Reduzindo para sete vezes, economiza-se R$ 150 sem grande sacrifício.

Exemplo 2: pacote de internet e de TV. Talvez você pague por 500 MB e muitos canais que nem assiste. Ao reduzir para 200 MB e menos canais, pode poupar mais R$ 150/mês sem impactar sua rotina.

Exemplo 3: tarifa bancária e anuidade. Muitos pagam R$ 50/mês por serviços que não usam (como talão de cheques). Cartões com anuidade de R$ 55/mês também podem ser trocados por opções gratuitas. Só aí, mais R$ 100/mês economizados.

Assim, apenas com esses três cortes, já são R$ 400/mês poupados. Se um casal jovem investir esse valor por trinta anos, com rendimento real (acima da inflação) de 5% ao ano, acumulará R$ 326 mil. Esse é o poder dos pequenos hábitos constantes ao longo do tempo.

Caso real: o hábito que custava R$ 2 milhões

Em 2014, atendi um casal que vivia o "mal invisível". Ele tinha 35 anos e ela, 28. Com renda mensal de R$ 20 mil, moravam em um bairro nobre de São Paulo e pagavam R$ 4.500 de aluguel. Tinham um carro quitado avaliado em R$ 80 mil. A queixa do casal era: "ganhamos bem, mas não conseguimos guardar nada".

Na anamnese inicial, identifiquei gastos de R$ 3 mil com supermercado (aproximadamente R$ 5.800 em 2025). O valor parecia alto, comparado a outros casais jovens e sem filhos, mas descobri que, como não saíam muito, usavam esse valor para jantares com amigos em casa às sextas: um gasto com propósito, que fazia sentido manter.

Outro dado chamou minha atenção: gasto de R$ 1.000/mês na padaria. Questionados, eles explicaram que, por praticidade, tomavam café ali todos os dias antes do trabalho. Um hábito de conveniência: R$ 50 por manhã, em um dos bairros mais caros da cidade. Nada extravagante, só uma rotina nunca questionada.

Então, mostrei o impacto real: R$ 1.000/mês = R$ 12 mil/ano. Em trinta anos, R$ 360 mil deixariam de ser investidos. Se aplicassem esse valor por trinta anos, com 5% de juros real ao ano, teriam cerca de R$ 2,5 milhões. Ou seja, estavam trocando R$ 2,5 milhões por *croissants* e *capuccinos* matinais.

A reação? Espanto total. Nunca tinham calculado o impacto de um simples hábito. A sugestão que dei foi: como já compravam ótimos ingredientes no mercado, por que não preparar o café em casa? Além da economia, teriam um momento juntos antes do trabalho. Um ajuste sutil, mas com enorme impacto a longo prazo.

A transformação não parou aí. Ao final da otimização orçamentária, identificamos R$ 5.000/mês de economia, com pequenas mudanças e sem afetar a qualidade de vida. Investidos por trinta anos, esse valor renderia R$ 4,1 milhões, o suficiente para gerar uma renda mensal de R$ 23.250 dos 65 aos 100 anos. Essa é a força dos pequenos hábitos com grandes efeitos, e tudo começou ao repensar o café da manhã.

Estilo básico de vida

Caso não tenham sido suficientes os ajustes nas despesas não obrigatórias, é hora de revisar os gastos obrigatórios. Ainda assim, é possível economizar sem comprometer a qualidade de vida. Veja doze subcategorias com exemplos práticos:

- alimentação;
- casa (água, gás);

- cuidados pessoais (barbeiro, estética);
- saúde (plano, remédios);
- educação (cursos, livros);
- filhos e família (escola, mesada);
- impostos e taxas;
- mercado (feira, padaria);
- *pets;*
- prestadores de serviço (diarista);
- profissional (ferramentas);
- transporte (público, carro, aplicativo).

Exemplo 1: ao trocar dez almoços fora (de R$ 40 cada) por marmitas caseiras (R$ 15), é possível economizar R$ 250/mês, ou seja, R$ 3.000/ano.

Exemplo 2: ao trocar quatro corridas de aplicativo por transporte público, a economia chega a R$ 100/mês, ou seja, R$ 1.200/ano.

Outras formas de redução nessas categorias podem impactar mais diretamente a vida cotidiana, como mudar de bairro, trocar a escola dos filhos ou alterar o meio de transporte. Por isso, é fundamental primeiro otimizar as despesas não obrigatórias e considerar formas de ampliar a renda antes de mexer nos gastos essenciais. Mas, se mesmo assim os custos seguirem acima da renda, há um desalinhamento entre o estilo de vida básico que se deseja e o orçamento familiar. Nesse caso, são necessárias mudanças mais profundas na estrutura de gastos.

Desafio

Agora que você conhece o poder dos pequenos hábitos e das escolhas conscientes, aqui vai um desafio: escolha quinze categorias entre suas despesas obrigatórias e não obrigatórias. Com criatividade e intenção, busque reduzir ao menos R$ 50 em cada uma. Com esses ajustes simples, é possível que você libere o valor que faltava para tirar projetos do papel e avançar rumo à tão desejada independência financeira.

Pratique esse exercício com frequência, os resultados podem surpreender! Desejo que essa faísca de consciência financeira, acesa aqui, siga iluminando sua jornada até a realização dos seus sonhos.

BIBLIOGRAFIA

KAHNEMAN, D. *Rápido e devagar*: duas formas de pensar. Tradução de Cássio de Arantes Leite. São Paulo: Objetiva, 2012.

KIYOSAKI, R. T. *Pai rico, pai pobre*: edição de 20 anos atualizada e ampliada. São Paulo: Alta Books, 2017.

“Quando alcançamos a consciência financeira, nossas decisões se tornam mais intencionais e poderosas, e os resultados, extraordinários.”

Leanderson Reis

Que ensinamentos este capítulo trouxe para sua vida e suas finanças?

PROF. MATEUS BUFFONE

Meu nome é Mateus Buffone, sou professor, especialista em investimentos internacionais e sócio-fundador da TEM Educação Financeira. Minha missão é ajudar você a proteger e a multiplicar seu patrimônio usando as melhores estratégias de investimento e de diversificação global. Tenho certificação de especialista em investimentos pela Anbima e desenvolvi um método próprio chamado Mapa Global. Tenho formação acadêmica em História, com bacharelado pela UFRJ, mestrado pela UFPR e com anos de experiência no Ensino Superior. Atualmente, crio conteúdos com foco em segurança financeira, internacionalização de patrimônio e proteção contra a inflação. Com abordagem inovadora, reúno pedagogia, gamificação e metodologias exclusivas para que você não apenas aprenda, mas aplique com sucesso os conceitos de finanças globais no seu dia a dia.

tem.investimentos

+55 (41) 99172-6078

tem.investimentos

temeducacaofinanceira

www.temeducacao.com.br

NA VOLTA A GENTE **COMPRA**

18

APOSENTADORIA: CONSTRUINDO UM FUTURO JUNTOS

Por Prof. Mateus Buffone

É considerado lugar-comum afirmar que o brasileiro tem visão imediatista de suas finanças e que não se planeja para o futuro. Ao mesmo tempo, tenho visto que está se expandindo entre a população o conhecimento de que o INSS não será mais suficiente para garantir uma vida digna na velhice e que será necessário complementar a renda de outras maneiras. Isso tudo você já deve saber, mas você tem conhecimento do que precisa ser feito e de como isso deve ser feito? Conhece as opções existentes para complementar sua renda no futuro e não ser um fardo para sua família?

Inclusive, aposentar-se tem se mostrado ser, cada vez mais, um privilégio para poucos. Uma pesquisa realizada em janeiro de 2024 pela Serasa, em parceria com o Instituto Opinion Box, mostrou que seis em cada dez brasileiros precisam continuar trabalhando após se aposentar para complementar a renda (Serasa, 2023). Similarmente, quatro em cada dez brasileiros enfrentam dificuldades para manter as contas básicas. Somado a isso, temos os dados apresentados no 8º Raio X do Investidor Brasileiro, que indicam que oito em cada dez brasileiros que ainda não se aposentaram não começaram a fazer uma reserva financeira para a velhice (Anbima, 2025).

Penso que parte desse cenário se dá porque muita gente trata a aposentadoria como uma meta isolada, como se fosse um evento pessoal, desvinculado do restante da vida financeira familiar. Envelhecer não é uma escolha, mas como você vai se aposentar, sim. Já atendi centenas de pessoas na TEM Educação Financeira e posso afirmar que os planos de investimentos mais sólidos são aqueles construídos em família.

Dessa forma, quero que você e sua família sejam uma exceção à regra e alcancem a liberdade financeira de forma plena, escolhendo como viver a tão sonhada aposentadoria.

Não inverta a ordem

Gostaria de lembrar das três etapas anteriores ao planejamento da liberdade financeira, que são o alicerce para o sucesso desse plano.

A primeira é se organizar financeiramente antes de investir em objetivos de longo prazo. Como este livro está repleto de ensinamentos sobre como fazer isso, gostaria de adicionar somente uma consideração: envolva sua família no processo desde o início.

A segunda etapa é quitar as dívidas ou, ao menos, ter um plano claro de como lidar com elas. Dívidas são como investimentos ao contrário: os juros trabalham contra você. Fale sobre as dívidas com sua família, pois isso será libertador.

A terceira etapa é construir o que chamo de Reserva de Tranquilidade. Em outros capítulos deste livro você vai encontrar orientações sobre como fazer isso, ou pode seguir o método que eu utilizo, descrito com detalhes no texto "Reserva de tranquilidade: um escudo contra dívidas", que escrevi para o livro *Adeus, dívidas*, que compõe o primeiro volume desta coleção (Buffone, 2024).

O futuro vai chegar

Não planejar a aposentadoria, que prefiro chamar de liberdade financeira, custa muito caro para a maioria das famílias. A realidade nua e crua é que o futuro vai chegar e o Estado não está preparado para garantir segurança financeira a todos os brasileiros.

Segundo dados do Boletim Estatístico da Previdência Social, o valor médio da aposentadoria urbana no Brasil, em 2024, foi de R$ 1.863,38, e o da aposentadoria rural, R$ 1.415,06. Além disso, se você tiver contribuído, em 2025, com o teto do INSS, terá garantida uma aposentadoria de R$ 8.157,41 (Brasil, 2024). Somado a isso, temos o fato já comentado aqui de que a aposentadoria integral é a realidade de apenas uma minoria da população. A maior parte das pessoas precisa reduzir o padrão de vida na velhice ou continuar trabalhando. E muitas delas realmente continuam no mercado de trabalho por necessidade. Milhões de idosos, mesmo depois de se aposentar, precisam continuar trabalhando para complementar a renda.

Com a expectativa de vida cada vez mais longeva, uma aposentadoria pode durar vinte, trinta ou até quarenta anos. Então, você quer mesmo depender apenas dos valores pagos pelo Estado durante tanto tempo? Se a resposta for "não", é importante entender que construir a própria liberdade financeira é uma necessidade e que essa construção começa agora — com planejamento, organização e ação.

Inflação e Risco Brasil

Agora que você entendeu que a aposentadoria pública provavelmente não será suficiente para você alcançar a verdadeira liberdade financeira, vou explicar os dois últimos vilões presentes em seu caminho: a inflação e a perda de valor do real frente ao dólar.

Você já deve ter visto simulações na internet mostrando que é possível viver com os dividendos de boas ações e de fundos imobiliários, e que é possível sacar o equivalente a 1% ao mês do valor de investimentos. Sabe qual é o problema dessas contas? Elas ignoram esses dois vilões que mencionei: a corrosão do dinheiro pela inflação e a disparidade do real frente ao dólar, que pode ser considerada uma segunda inflação, se lembrarmos de que quase tudo o que consumimos é influenciado pelo preço da moeda estadunidense. Receber R$ 1.000 hoje não é a mesma coisa que receber R$ 1.000 daqui a dez anos, concorda?

Fazendo uma simulação usando dados históricos disponibilizados pelo Banco Central, é possível observar que, para comprar em 2025 os mesmos produtos que comprava em 2015 (uma janela de dez anos), você precisa de aproximadamente 75% de dinheiro a mais. Ou seja, é necessário mais de R$ 1.750 para comprar as mesmas coisas que você comprava com R$ 1.000 há dez anos. Olhando por outro viés, em dez anos, seu dinheiro perdeu mais de 40% do valor, fazendo R$ 1.750 virarem somente R$ 1.000. É assustador, não é?

Também é importante ter em vista que o real é uma moeda fraca e instável. Entre 2015 e 2025, o dólar passou de aproximadamente R$ 3 para quase R$ 6. Ou seja, ele praticamente dobrou de preço, que é o mesmo que dizer que o real perdeu metade do valor. Em apenas dez anos, passamos a precisar de duas vezes mais reais para comprar a mesma quantidade de dólares. Você consegue perceber o efeito final disso tudo?

Além de seu dinheiro ter perdido mais de 40% do poder de compra por causa da inflação no Brasil, você também sentiu os efeitos de o dólar ter dobrado de valor no mesmo período. Isso significa que, além de investir na sua liberdade financeira, você precisa de um plano que possibilite a esses investimentos protegê--lo tanto da inflação como da desvalorização do real frente ao dólar.

Portanto, o planejamento de sua liberdade financeira precisa começar agora. Caso concentre seus investimentos no Brasil, você está expondo seu futuro e o de sua família à instabilidade política, cambial e econômica do país. A solução? Diversificar seus investimentos internacionalmente usando ferramentas eficientes, como os ETFs (Exchange Traded Funds) globais.

Diversifique globalmente

Agora, vamos trabalhar com ciência financeira. Não se trata de fórmula mágica para enriquecer rápido nem de promessa de ganhos imediatos. Estou falando da construção de um plano de investimento sério, eficiente e acessível, com foco em prazos a partir de dez anos — o tempo mínimo necessário para que os juros compostos e a disciplina façam realmente seu trabalho e multipliquem o fruto do seu esforço.

É importante entender que investir com inteligência não é prever o futuro, nem acertar o investimento da vez. É justamente o contrário: reconhecer que aplicar estratégias mirabolantes costuma gerar perdas, não ganhos. A verdadeira inteligência nos investimentos tem como base três princípios: boas ferramentas, custos eficientes e seguir um plano consistente.

É nesse ponto que entram os ETFs globais. Os ETFs são fundos que replicam índices de mercado, como o Ibovespa, no Brasil, ou o S&P 500, nos Estados Unidos. Eles permitem que você invista em centenas ou milhares de empresas ao mesmo tempo, de forma automática, diversificada e com taxas extremamente baixas. Em outras palavras, é como comprar uma fatia da economia mundial — e isso faz todo o sentido para um plano a ser realizado em longo prazo.

Essa não é apenas minha opinião. John Bogle, fundador da Vanguard e criador do primeiro fundo de índice, costumava dizer que as pessoas deveriam investir em fundos de índice, reinvestir os dividendos e manter a disciplina (Bogle, 2020). Sabe quem também recomenda isso? Warren Buffett, um dos maiores investidores de todos os tempos.

Esse tipo de estratégia é sustentada por três pilares fundamentais ao escolher seus investimentos:

1. ser amplo: diversificar bem;
2. ser passivo: não tentar adivinhar o mercado;
3. ser global: não concentrar todos os riscos em um único país.

Esses princípios são a base do método com o qual eu trabalho, chamado Mapa Global. E o melhor de tudo: ele está ao alcance de qualquer pessoa, mesmo daquela que pretende começar com pouco dinheiro. Porque o segredo não está no valor inicial investido, mas em continuar a investir.

Investir com inteligência é proteger sua família da inflação, da instabilidade do país e da desvalorização do real. É colocar seu dinheiro para crescer junto com o mundo. Para isso, você só precisa de um plano simples, seguro e eficiente. E esse plano começa agora.

A liberdade financeira é um legado que começa a ser construído no presente. Ao tomar pequenas decisões hoje, você começa a transformar o seu futuro e o de sua família. Quando cada membro da família compreende e auxilia no plano familiar, todos se protegem e evoluem juntos.

Caso queira o acompanhamento de um especialista para guiá-lo nessa caminhada, terei prazer em ajudar você e sua família na conquista da liberdade financeira!

BIBLIOGRAFIA

ANBIMA. *Raio X do investidor Brasileiro.* 2025. Disponível em: https://www.anbima.com.br/pt_br/especial/raio-x-do-investidor-brasileiro.htm. Acesso em: 14 maio 2025.

BOGLE, J. C. *O investidor de bom senso*: a melhor maneira de garantir um bom desempenho no mercado de ações. Rio de Janeiro: Sextante, 2020.

BRASIL. Ministério da Previdência Social. *Boletim estatístico da Previdência Social.* Brasília: MPS, v. 29, n. 12, dez. 2024.

BUFFONE, M. H. Reserva de tranquilidade: um escudo contra dívidas. In: VALE, R. (org.). *Adeus, dívidas*: estratégias práticas para cuidar do seu dinheiro. Barueri: Chave Mestra, 2024.

SERASA. *6 em cada 10 brasileiros precisam continuar trabalhando após a aposentadoria para complementar a renda.* 2023. Disponível em: https://www.serasa.com.br/imprensa/6-em-cada-10-brasileiros-precisam-continuar-trabalhando-apos-a-aposentadoria-para-complementar-a-renda/. Acesso em: 14 maio 2025.

"A verdadeira inteligência ao investir está em três princípios: boas ferramentas, custos eficientes e um plano consistente."

Prof. Mateus Buffone

Que ensinamentos este capítulo trouxe para sua vida e suas finanças?

Créditos: @estudioclaudiasoares.

MILENA TELES

Muito prazer, sou Milena Teles. Nasci em Rio Claro/SP, mas tenho raízes em Brejo Santo/CE. Cresci cercada por mulheres determinadas, que me ensinaram a lutar pelos meus sonhos. A paixão pelo novo e pelas conexões humanas nasceu das mudanças de cidades e de culturas ao longo da infância. Desde cedo, o mundo corporativo e financeiro me fascinou e, aos 19 anos, iniciei minha trajetória na área comercial. Em 2002, ingressei em instituições financeiras e vivi intensamente os dois lados do dinheiro. Desde 2006, assumi como propósito ajudar pessoas a transformar finanças em realização de sonhos. Impactei mais de 30 mil pessoas com a construção de investimentos certos para essas realizações. Neste capítulo, vou orientar você a se casar sem dívidas.

milenatelesv

+55 (85) 99969-8909

NA VOLTA A GENTE **COMPRA**

19

DO ALTAR AO BOLSO: O GUIA DO CASAMENTO SEM DÍVIDAS

Por Milena Teles

Ah, o tão sonhado dia do altar! Você encontrou o amor da sua vida e quer se casar, mas não sabe por onde começar? Meu objetivo aqui é ajudar vocês, por meio deste guia prático, a alcançar esse sonho. Eu o utilizei na minha vida e, olha, deu supercerto! Mas, antes, vamos a algumas reflexões.

O que, para muitos, representa o início de uma felicidade eterna, infelizmente pode se transformar em um pesadelo financeiro. Assumir dívidas gigantescas para realizar o tão sonhado "dia mais feliz da vida" é uma armadilha em que muitos casais caem. Porém, para aqueles que decidem planejar esse grande dia com consciência, o casamento pode ser, de fato, o começo de uma fase nova e simplesmente incrível.

Durante a adolescência e a fase adulta, vivemos intensamente a busca pelo amor verdadeiro. Ainda que alguns possam dizer que não, a própria Bíblia, o livro mais antigo da humanidade, reconhece o amor como a maior de todas as virtudes. Em 1 Coríntios 13:1-3, lemos: "Ainda que se falassem as línguas dos homens e dos anjos, sem amor seríamos apenas como o metal que ressoa ou o sino que tine".

A necessidade que temos de encontrar a cara-metade é tanta que, em tempos mais modernos, essa mesma mensagem da Bíblia foi versada em uma canção. Renato Russo, na música *Monte castelo*, traduziu a essência da mensagem bíblica para uma geração inteira. Ou seja, somos seres que precisam do amor. Sem ele, de fato, nada seríamos (Legião Urbana, 1989).

E, quando finalmente encontramos o amor da vida, nasce o desejo de celebrá-lo da forma mais bonita possível: a celebração do casamento, da escolha de duas pessoas distintas por uma vida a dois. Seja por meio de uma festa grandiosa, uma viagem inesquecível ou um encontro íntimo com os poucos e bons amigos e familiares, celebrar a união é um desejo legítimo. Mas, para que o sonho não se transforme em pesadelo, é preciso tomar uma atitude que não costuma ser muito romântica: planejar.

Por quê? Porque estudos mostram que o dinheiro — principalmente a falta dele — é a principal causa de divórcios no Brasil. Segundo dados recentes do IBGE, 57% dos divórcios registrados na última década foram originados a partir de problemas financeiros (Miato, 2023). Entre os principais motivos estão a infidelidade financeira e a falta de organização no controle dos gastos. Dívidas acumuladas e a falta de diálogo sobre dinheiro tornam-se uma mistura explosiva, capaz de desgastar até o mais bonito dos amores. Entretanto, eu quero te mostrar outro caminho — o caminho que eu tracei e que me trouxe uma vida a dois com sonhos realizados e muitos a caminho da realização.

Se você deseja o mesmo, siga este passo a passo que compartilho: um guia prático, com base em minha experiência.

Passo 1: planejar a vida a dois

Antes de pensar na festa, é preciso pensar na vida real a dois, que tem muitos desafios. Por isso, este primeiro passo é o mais importante.

Em 2005, quando eu e meu, até então, noivo decidimos nos casar, nossa primeira conversa foi sobre nossos valores, nossos sonhos e a vida que gostaríamos de construir juntos. Perguntas como: "Quais são nossos objetivos pessoais?", "Como nos imaginamos daqui a cinco, dez, vinte, trinta anos?" foram fundamentais. Conversas como essa, realizadas antes mesmo de marcar a data do casamento, foram extremamente importantes, e continuam sendo até hoje. Assim, antes do início do casamento, alinhamos as expectativas, ajustamos os sonhos e garantimos que nossos caminhos seguiriam na mesma direção.

Atenção: se, durante esse processo, você perceber divergências profundas em valores ou prioridades, vale refletir se quem está ao seu lado é, de fato, a pessoa com quem você quer passar as próximas três décadas (essa temporalidade é bem importante, vai por mim).

Como cheguei a essa conclusão? Eu, mais jovem, na casa dos meus 20 e poucos anos, passei a ter um "caderninho" em que anotava os valores e as qualidades que buscava em um parceiro, e ter essas qualidades descritas me ajudou a escolher com consciência. E, olha, deu supercerto!

Passo 2: planejar o casamento

Com a base da vida a dois alinhada, chegou a hora de colocar a mão na massa para planejar a festa. E, aqui, desenvolvemos um método que apelidei de "as quatro etapas práticas para se casar sem dívidas", que compartilho para ajudar você e o seu amor:

Etapa 1: transparência total

Transparência total é não ter segredos. Nessa etapa, colocamos todas as informações na mesa: rendimentos mensais, reservas financeiras, dívidas existentes. Saber exatamente quanto o casal ganha, o quanto pode investir na festa e quem será o responsável pela organização do orçamento é essencial. No nosso caso, quem tinha mais disciplina financeira ficou encarregado de ser o guardião do controle das despesas. *Spoiler*: não era eu!

Etapa 2: controle de gastos temporário

Quando falo de controlar gastos temporariamente, trata-se de colocar todos os gastos em perspectiva para atingir um objetivo real, que, nesse caso, é a festa. Nessa etapa, eu e meu noivo cortamos supérfluos, evitamos compras por impulso e reduzimos drasticamente o uso do cartão de crédito. E aqui vai uma explicação importante: se você é do time que usa o cartão de forma consciente (pagando a fatura integral e acumulando benefícios), ótimo. Mas, se não é, minha dica é clara: pause o cartão até um mês depois do casamento — esconda, cancele, desinstale o aplicativo, faça com que seja impossível efetuar qualquer compra por impulso. O objetivo aqui é adquirir apenas o que o seu saldo em conta for capaz de comprar à vista, sem esquecer os pagamentos fixos mensais. Se necessário, calcule os custos mensais e os investimentos para o longo prazo e, só depois disso, separe em quatro partes (uma para cada semana) para chegar ao valor que você tem disponível para compras e gastos mais superficiais. Toda economia, ainda que pareça pequena, faz diferença no final.

Etapa 3: definição realista do orçamento

Quando eu falo em definição realista de orçamento é para ser real mesmo. Até o custo com salão de beleza para o grande dia precisa estar descrito e calculado. No nosso caso, orçamos todos os itens essenciais para a festa: *buffet*, igreja, cartório, decoração, fotógrafo, cerimonialista, roupas, salão de beleza, música. Reservamos os sábados para visitar os lugares, fazer provas de comida e levantamos três orçamentos para cada item da lista.

Uma dica importante é calcular o custo por convidado, principalmente em relação à comida e à bebida, que, geralmente, são os custos mais altos da festa. Esse valor guiará a definição da lista de convidados.

No nosso caso, demos preferência a uma festa menor, mas inesquecível, em vez de uma festa grande. Assim, para definir a seleção de convidados, consideramos: reunir as famílias (que estavam espalhadas por vários lugares do mundo) e os melhores amigos. Isso deixou a lista mais intimista, com cem convidados (o número "mágico" do orçamento e que cabia em nossas reservas financeiras para pagarmos a festa).

Etapa 4: análise de viabilidade

Quando falo em análise de viabilidade, considero os três orçamentos que foram levantados. Com essas informações de custo em mãos, chegou a hora da verdade.

Temos dinheiro suficiente para fazer a festa?

Se sim: parabéns! É só avançar e celebrar com alegria.

Se quase: parabéns também! O principal aqui é que vocês consigam negociar descontos ou melhores condições de pagamento com cada fornecedor. Por exemplo, comprar as bebidas em um fornecedor diferente do *buffet* (o que, em geral, diminui o custo) e dividir os pagamentos em 50% para cada fornecedor, para vocês não correrem o risco de levar um "bolo" de algum deles.

Se não: calma! Isso não é o fim do sonho, mas apenas um convite para reorganizar o plano. Nesse caso, meu conselho é: estejam com os orçamentos finais de cada fornecedor em mãos. Depois disso, revejam de trás para frente o valor total da festa para que vocês possam planejar qual percentual da renda mensal será destinado a uma aplicação financeira voltada exclusivamente à festa de casamento ou à viagem dos sonhos. Assim, vocês ganham tempo e rendimento.

Ah, um lembrete importante: não usem a reserva de emergência nem o dinheiro destinado à aposentadoria para pagar a festa!

Casamento é um sonho, mas não é uma emergência financeira

Ajudas e surpresas boas, sim!

Uma dica extra: conversar com pais, padrinhos e irmãos pode render boas surpresas. Muitos deles têm prazer em contribuir, seja financeiramente, seja oferecendo presentes que aliviem o orçamento. No nosso caso, quando contamos que decidimos nos casar, recebemos mimos inesquecíveis de nossos familiares, o que tornou a festa ainda melhor. Foram ajudas tanto financeiras quanto relacionadas à organização — por exemplo, para que os bem-casados fossem da melhor doceira de São Paulo. Mas atenção: considere essas ajudas como bônus, não como algo garantido no planejamento. Afinal, ninguém, além de vocês, tem responsabilidade pela saúde financeira do casal.

A melhor festa da vida

Com planejamento, conseguimos realizar uma festa linda, com quem realmente importava, cheia de amor, música boa, comida deliciosa e muitas memórias inesquecíveis. Até hoje, posso dizer: nossa festa de casamento foi a melhor de que já participei — e não foi só porque era a minha. E o melhor: começamos a vida a dois sem dívidas, cheios de planos e com o sono tranquilo.

No ano desta edição, completaremos dezenove anos de casados, com a certeza de que construir sonhos com consciência financeira foi uma das decisões mais inteligentes que já tomamos juntos.

Para finalizar, quero dizer que se casar é lindo, é maravilhoso! E permanecer no casamento é melhor ainda. Sonhe, sim. Celebre, sim. Mas planeje.

Desejo que vocês tenham não só a melhor festa da vida, mas o melhor começo de todas as histórias que ainda vão construir juntos.

BIBLIOGRAFIA

BÍBLIA SAGRADA. Almeida Corrigida Fiel (ACF). Disponível em: https://www.bibliaonline.com.br/acf. Acesso em: 30 maio 2025.

LEGIÃO URBANA. *Monte castelo*. Rio de Janeiro: EMI-Odeon, 1989.

MIATO, B. Infidelidade financeira: como evitar o problema que causa divórcios no Brasil todos os anos. *G1 Economia*, 12 jun. 2023. Disponível em: https://g1.globo.com/economia/noticia/2023/06/12/infidelidade-financeira-como-evitar-o-problema-que-causa-divorcios-no-brasil-todos-os-anos.ghtml. Acesso em: 30 maio 2025.

“Sonhar é o primeiro passo. Planejar é o que transforma os sonhos em realidade. Acredite: você pode conquistar tudo o que quiser.”

Milena Teles

Que ensinamentos este capítulo trouxe para sua vida e suas finanças?

SABRYNA ROSA RACON

Meu nome é Sabryna Rosa Racon, sou advogada, planejadora patrimonial e financeira e especialista em planejamento patrimonial familiar. Construí minha trajetória com a convicção de que cuidar do patrimônio é, antes de tudo, zelar pelas pessoas. Com a experiência de ter orientado dezenas de famílias, meu trabalho é dedicado a proporcionar segurança e preparo para os ciclos da vida. A união da técnica jurídica e financeira com a atenção às nuances comportamentais me possibilita respeitar a individualidade de cada cliente, compreendendo a história que molda seus números na busca por seus sonhos. Acredito que o planejamento é um ato de afeto e me realizo ao caminhar ao lado de quem deseja proteger sua história, honrar suas conquistas e construir um futuro mais leve, consciente e cheio de significado.

sabrynarosa.financas

sabrynarosa@sabrynarosa.com.br

+55 (11) 98409-9920

NA VOLTA A GENTE **COMPRA**

20

PATRIMÔNIO E AMOR: DÊ UM *MATCH* CONSCIENTE

Por Sabryna Rosa Racon

"Na volta a gente compra..." é aquela frase que todo mundo já ouviu, ou falou, para adiar uma decisão de compra. A ideia por trás dessa frase é simples: respirar fundo, pensar com calma e refletir se aquilo que desejamos faz mesmo sentido.

No amor, essa pausa também pode ser bem-vinda. Afinal, dar um passo de cada vez, com consciência e clareza, evita decisões impulsivas e dores de cabeça no futuro.

Quando se trata de patrimônio, decisões mal planejadas podem gerar grandes prejuízos — não só financeiros, mas também emocionais. E é aí que entra o contrato de namoro, um instrumento simples que evita aborrecimentos futuros.

Contrato de namoro? Mas por quê?

Muita gente acredita que só casais oficialmente casados ou que vivem juntos, em união estável, têm questões patrimoniais a resolver. Mas a realidade é que, aos olhos do Poder Judiciário, nem sempre a distinção entre "namoro" e "união estável" é tão clara.

Um namoro tido apenas como um relacionamento afetivo pode, com o tempo e de acordo com determinados contextos, como morar junto, ter a vida social compartilhada ou investir juntos para uma viagem, ser interpretado como união estável. E isso tem consequências legais: em caso de separação ou morte de um dos parceiros, o outro pode reivindicar direitos sobre os bens.

O contrato de namoro existe justamente para deixar claro que aquela relação, por mais séria e duradoura que seja, não tem os efeitos jurídicos da união estável, ou seja, não tem a intenção de constituir uma família. Esse documento protege o casal de interpretações equivocadas.

<u>Mas isso não "esfria" o relacionamento?</u>

Você pode até pensar: "Se a gente precisa de um contrato, então já está tudo errado!". Na minha opinião, esse pensamento parte de uma ideia equivocada de que relacionamentos saudáveis não precisam ter combinados claros. Mas pense no contrário e faça um exercício comigo: quantas amizades, parcerias de negócios ou até famílias enfrentaram brigas por falta de diálogo e de limites bem definidos?

Um contrato de namoro é, na verdade, um instrumento de prevenção de conflitos, não uma previsão de que algo vai dar errado. Ele pode, inclusive, evitar situações dolorosas no futuro, como disputas judiciais.

Essa necessidade de estabelecer combinados não é sinal de fragilidade do amor — é um reflexo dos tempos em que vivemos. O sociólogo Zygmunt Bauman, autor do livro *Vida líquida*, aponta que na sociedade moderna os vínculos são marcados por constantes reinícios, nada tende a ser duradouro. As rupturas e os recomeços são cada vez mais rápidos e menos dolorosos (Bauman, 2007).

A maneira como entendemos o namoro mudou muito ao longo do tempo. Houve um período em que namorar significava, quase obrigatoriamente, o preâmbulo ao casamento. No entanto, hoje, o namoro pode ser um fim em si mesmo, sem necessariamente carregar o compromisso de um projeto de vida em comum ou de um futuro formalizado a dois.

Em um mundo em que tudo muda rapidamente, inclusive os sentimentos, trazer o amor para a conversa é uma forma de criar vínculos mais conscientes, transparentes e, quem sabe, mais duradouros.

Namoro moderno, riscos reais

É cada vez mais comum casais optarem por morar juntos sem formalizar a união. Eles dividem o aluguel, o sofá, os boletos e os sonhos, mas não formalizam a união nem se preocupam com o aspecto jurídico da relação. E qual é o problema? Quando tudo vai bem, não parece haver motivos para se preocupar, mas basta um rompimento ou uma fatalidade para que o Judiciário entre em cena. Não se trata de romantizar o papel ou burocratizar o afeto, mas de reconhecer que o afeto também constrói patrimônio. E o que se constrói, precisa ser protegido. E como isso se conecta com o planejamento familiar?

O planejamento patrimonial familiar é, essencialmente, organizar e cuidar do que foi construído. E isso inclui relações que ainda não estão no papel, mas que, aos olhos da sociedade e da Justiça, podem parecer mais sérias do que o casal imagina.

Quando falamos de contratos de namoro, estamos falando de um ponto muito específico desse planejamento: a organização patrimonial de casais que ainda não formalizaram a união, mas compartilham tempo, vida e, às vezes, gastos.

Não é raro que o contrato venha antes de outros instrumentos, como pacto antenupcial, acordo de união estável, testamento, doações etc. Cada um tem sua função. E tudo começa com o simples reconhecimento de que amor e patrimônio podem (e devem) andar juntos com responsabilidade.

Como é um contrato de namoro na prática?

Apesar de parecer complexo, o contrato de namoro é, na prática, bem simples. Ele deve conter:

- a identificação das partes (nome, RG, CPF);
- a declaração clara de que se trata de um namoro, sem intenção de constituir família naquele momento;
- a afirmação de que não há união estável entre as partes;
- a data de início do relacionamento;
- a descrição de como será a administração dos bens;
- assinatura das partes e, preferencialmente, de duas testemunhas.

É possível fazer o contrato particular ou registrá-lo em cartório, o que dá mais segurança jurídica. Também é recomendado revisar o contrato, caso a relação evolua.

Casos reais que viraram discussão jurídica

Algumas decisões da Justiça brasileira mostram como a falta de formalização pode gerar dor de cabeça.

- Caso 1: em São Paulo, uma mulher entrou com um processo pedindo o reconhecimento de união estável e a divisão dos bens do ex-companheiro. Eles tinham um relacionamento duradouro, mas haviam assinado um contrato de namoro. Ao analisar o caso, o Tribunal entendeu que não havia prova de que eles viviam como se fossem casados ou com a intenção de formar família — o que caracteriza a união estável. Resultado: o contrato de namoro foi aceito como a prova de que o relacionamento era, de fato, apenas um namoro, e o pedido de partilha foi negado (Brasil, 2020a).
- Caso 2: no Paraná, o Tribunal analisou um caso em que uma pessoa busca-va o reconhecimento de união estável após o término do relacio-

namento. O casal viajava junto, frequentava festas e até era chamado de "casal oficial" nas redes sociais — o famoso "parece que é, mas não é". Só que eles tinham assinado um contrato de namoro evidenciando que não tinham a intenção de formar uma família naquele momento. Resultado: a Justiça reconheceu o contrato e entendeu que a relação era realmente apenas um namoro, sem os elementos exigidos por lei para configurar união estável (Brasil, 2020b).

Esses casos são apenas alguns exemplos de como a ausência de formalização pode gerar disputas desnecessárias. Em ambas as situações, um contrato de namoro poderia evitar questionamentos e garantir mais segurança para todos os envolvidos.

E se a gente não planejar?

É importante lembrar que quem não escolhe, será escolhido. Quando deixamos de formalizar um combinado — seja por medo, descuido ou romantismo —, transferimos para o Judiciário decisões que deveriam ser íntimas do casal. E, por mais que juízes, desembargadores e ministros se esforcem para aplicar a lei com justiça, eles não estavam presentes no dia a dia da relação, não conhecem os contextos, os acordos informais e os sentimentos envolvidos. Eles se baseiam em provas, testemunhos e interpretações que, muitas vezes, não traduzem fielmente a realidade do relacionamento. Ou seja, ao não agir, renunciamos à autonomia sobre nossas próprias escolhas e colocamos nas mãos de terceiros o poder de definir:

- se havia ou não uma união estável;
- quem tem direito a quê;
- como será feita a partilha de bens;
- quem participará do inventário em caso de morte.

Planejar é um gesto de responsabilidade mútua. É afirmar: "Nós decidimos sobre nossa vida, juntos, com clareza e respeito".

E se o relacionamento mudar?

A boa notícia é: os contratos de namoro não são eternos. Eles podem — e devem — ser atualizados conforme a relação evolui.

Se o casal decidir se casar ou formalizar a união estável, é possível:

- revogar o contrato de namoro;
- fazer um pacto antenupcial ou um contrato de união estável;
- reorganizar o planejamento patrimonial em conjunto.

A vida muda, e os documentos também. O mais importante é manter o diálogo aberto e tratar o patrimônio com a mesma atenção que se dá à relação.

Conclusão

Cuidar um do outro é olhar para o futuro. O amor pode ser simples, leve e repleto de trocas afetivas e de momentos especiais, mas também pode — e deve — ser planejado. Planejar não é sobre desconfiança, é sobre maturidade.

Falar de contrato de namoro em uma obra sobre educação financeira familiar pode parecer inusitado, mas pense bem: quantas decisões financeiras tomamos influenciados por relacionamentos? E quantas vezes deixamos de proteger o que construímos por achar que, no amor, tudo se resolve?

A verdade é que não há amor saudável onde há insegurança jurídica. E a educação financeira começa exatamente aí: no respeito ao que é do outro, no cuidado com o que é nosso e no preparo para enfrentar as mudanças da vida.

Se você ama alguém, mas ainda está no começo da jornada, pense no contrato de namoro como um gesto de inteligência emocional e responsabilidade afetiva. Se já passou dessa fase, nunca é tarde para conversar — afinal, amor também se constrói com papel passado, conversa clara e coração aberto.

BIBLIOGRAFIA

BAUMAN, Z. *Vida líquida.* Tradução de Carlos Alberto Medeiros. Rio de Janeiro: Zahar, 2007.

BRASIL. Tribunal de Justiça de São Paulo. Apelação Cível n. 1000884-65.2016.8.26.0288, Rel. Des. Rogério Murillo Pereira Cimino, j. 25 jun. 2020a. Disponível em: https://www.tjsp.jus.br. Acesso em: 25 abr. 2025.

BRASIL. Tribunal de Justiça do Paraná. Apelação Cível n. 0002492-04.2019.8.16.0187, Rel. Des. Ruy Muggiati, j. 14 ago. 2020b. Disponível em: https://www.tjpr.jus.br. Acesso em: 25 abr. 2025.

“Planejar é um ato de amor. Um relacionamento que valoriza o diálogo e a proteção mútua é mais forte, mais justo e mais leve.”

Sabryna Rosa Racon

Que ensinamentos este capítulo trouxe para sua vida e suas finanças?

TATIANA CAMPOS

Meu nome é Tatiana Campos. Sou CEO da empresa Criadores de Riqueza. Tenho mais de 25 anos de experiência como bancária e geri mais de R$ 500 milhões em bancos internacionais. Psicóloga em formação, com foco em finanças, e criadora do Método MFV, validado e testado por centenas de pessoas. Palestrante e escritora de nove livros. Sou ganhadora do maior prêmio de alta *performance* do Citibank na América Latina.

Para mim, renda extra é essencial para ter liberdade financeira. Minha jornada começou aos 19 anos, quando comecei a vender produtos para quitar dívidas e investir. Com meu marido, descobri o mercado imobiliário como uma poderosa fonte de riqueza e, juntos, desenvolvemos essa mentalidade com nossos filhos, que entendem que riqueza não é sorte, mas decisão. Se deseja agir, me escreva no Instagram.

eusoutaticampos
tatianafinancas
+55 (61) 98417-0237
criadoresderiqueza@hotmail.com

NA VOLTA A GENTE **COMPRA**

21

RENDA EXTRA EM FAMÍLIA: O CAMINHO DA RIQUEZA

Por Tatiana Campos

O poder da renda extra

Depender de uma única fonte de renda é um risco elevado. Muitas pessoas só percebem isso quando estão prestes a se aposentar. A renda extra não é apenas um recurso emergencial, mas um caminho para liberdade e construção de riqueza. Diversificar as fontes de renda é criar engrenagens que se retroalimentam e sustentam o crescimento.

Este capítulo não apenas contará minha história de superação e aprendizado sobre renda extra familiar, como oferecerá um plano de ação para você implementar em seu dia a dia. Como afirma Napoleon Hill (2020, p. 19): "A riqueza começa na mente de quem está disposto a agir".

De endividada a educadora financeira

Minha história com a renda extra começou aos 19 anos, endividada e sem educação financeira. Ganhava R$ 200 como professora, mas devia R$ 3.500 no cartão de crédito. Sem saber investir ou planejar, comecei a vender bolos, pão de queijo, cosméticos, roupas — tudo que pudesse gerar uma renda extra. Com esforço e constância, paguei as dívidas e comecei a investir. O primeiro passo foi dado com apenas R$ 50, que se transformaram em meu primeiro terreno.

Entendi que, como diz James Clear (2019, p. 43), autor de *Atomic habits*, "pequenas melhorias diárias levam a resultados extraordinários". Então, se eu desejava algo novo, produzia renda extra, para depois comprar. Também pratiquei o desapego, vendendo o que não usava mais, o que me ajudou a girar energia e dinheiro. Afinal, como é dito em Eclesiastes 3:6, "há tempo de guardar e tempo de deitar fora" (Walsh, 2012, p. 95).

Muitas vezes, acumulamos objetos que não têm utilidade para nós, mas que podem abençoar outras pessoas. Quando nos apegamos aos bens materiais, impedimos a renovação e a fluidez da prosperidade em nossa vida. Na prática, isso significa verificar periodicamente o que temos em casa e nos perguntar: "Isso ainda me serve?", "Pode ser útil para outra pessoa?", "Estou acumulando por apego ou por necessidade?".

A Bíblia também nos ensina que devemos viver com propósito e sabedoria, sem nos prendermos ao que é passageiro. Jesus versou sobre o desapego em Lucas 12:15, alertando: "Guardai-vos de toda e qualquer avareza; porque a vida de um homem não consiste na abundância dos bens que ele possui" (Walsh, 2012, p. 145).

Portanto, ao nos desfazermos do que não usamos, seja vendendo, doando ou reciclando, não estamos apenas organizando nossa casa, mas promovendo energia de renovação e de prosperidade. Esse princípio pode ser aplicado na geração de renda extra, pois muitos objetos parados podem ser convertidos em recursos financeiros para comprar algo útil e produtivo. Muita coisa que você tem em casa e não usa pode ter utilidade para alguém.

Renda extra em família

Levei esse hábito para minha família. Quando casei-me com o Helton, identifiquei seu talento com gestão e comunicação. Incentivei-o a ampliar nossos negócios e, juntos, começamos a construir imóveis. Começamos com o terreno que eu havia comprado antes de casar. Não tínhamos todo o dinheiro, mas Deus nos proveu. O resultado? Vendemos nossa primeira casa com um lucro de R$ 300 mil.

Em janeiro de 2024, ao vender nossa segunda casa, avaliada em R$ 3,5 milhões, conheci a nova proprietária, uma dentista. Sofrendo com dores no maxilar, agendei uma consulta com ela. Durante uma visita à casa, mencionei que vendia roupas usadas e, para minha surpresa, ela costumava fazer esse tipo de compra. Propôs adquirir minhas roupas em troca do tratamento dentário. Aceitei.

Com isso, vendi mais de R$ 6.000 em peças paradas no guarda-roupa e mais de R$ 500 em livros de minha autoria. Ela também comprou objetos de decoração por R$ 20.000 à vista. Praticar o desapego e circular bens trouxe abundância para nossa vida. Aprendemos a não criar vínculos com as coisas, mas a viver cada fase com leveza e renovação.

Não sou apegada a bens materiais, de modo que vendo, inclusive, itens que amo usar, pois compreendo a importância da troca de energia e do desapego. Acredito que se eu me prender a uma fase da minha vida, não conseguirei avançar nem criar coisas novas. Por isso, adotamos a prática de morar por um ano em cada imóvel que construímos, ensinando nossos filhos a desfrutar ao máximo da experiência sem criar vínculos excessivos com os bens materiais.

Isso reforça a crença de que, quando entendemos o valor da circulação de bens e da troca de energia, transformamos tudo em oportunidades financeiras. Isso não é sorte, é decisão e estratégia.

Eu nunca tive vergonha de vender. Como afirma Zig Ziglar (1982, p. 38), um dos principais treinadores de vendas norte-americano: "Todo mundo vive de vender alguma coisa". Vender é um talento que carrego com orgulho. Nos bancos onde trabalhei, vendia perfumes importados para minhas colegas de trabalho, além de minhas roupas usadas. Eu aproveito todas as situações ao meu redor para criar renda extra e sigo desenvolvendo em mim a arte da negociação e da persuasão.

Esse valor também guia nossos filhos. Aos 6 anos, Higor vendia desenhos; aos 14, comercializa roupas e perfumes. Heitor, aos 7 anos, vendeu seu próprio livro, *A alegria da amizade*. Quando a renda extra se torna um valor familiar, os filhos crescem com uma mentalidade de abundância.

Mentoria Financeira para a Vida (MFV)

Com base na minha jornada, criei a Mentoria Financeira para a Vida (MFV), que tem três pilares fundamentais: organização financeira, geração de renda extra e construção da reserva de riqueza. Desde 2023, mais de 350 pessoas já passaram por esse processo.

Os resultados são concretos: um casal conseguiu aumentar sua renda de R$ 24.000 para R$ 40.000. Outro casal saiu de uma renda familiar de R$ 15.000 para um contrato fechado de R$ 105.000. Uma empregada doméstica fez R$ 1.500 de renda extra em uma semana. Uma terapeuta saiu de uma renda de R$ 640 para R$ 7.200 ao final do processo de mentoria.

A chave para o sucesso está em transformar talentos em dinheiro e, depois, em riqueza.

Renda extra: inspiração real

A série *90 dias para ficar milionário* (Bowen, 2019) acompanha a jornada de Glenn Stearns, empresário e multimilionário americano que decide enfrentar um desafio: provar que qualquer pessoa pode construir riqueza sem depender de contatos ou de privilégios. Para isso, ele se muda temporariamente para Pueblo, cidade do interior dos Estados Unidos, com apenas U$ 100 no bolso, um caminhão velho e um telefone sem contatos com o objetivo de criar um negócio milionário em apenas noventa dias. Suas ações incluem buscar oportunidades, fazer *networking* e parcerias estratégicas, criar valor antes do lucro.

Na série, sua experiência é a prova de que qualquer pessoa pode construir riqueza, independentemente de sua atual situação. Recomendo que assista usando suas ferramentas de riqueza: papel e caneta. Depois, reflita sobre como poderá adaptar esses princípios para sua realidade. Vamos produzir riqueza?

Plano de ação

Para desenvolver seu plano de ação e criar renda extra, responda às perguntas a seguir. Caso tenha dúvidas, converse com pessoas de sua confiança que poderão apoiar você.

- O que você sabe fazer que outras pessoas pagariam para aprender?
- O que você tem em casa que pode ser vendido ou alugado?

Agora, coloque a mão na massa para construir esse plano de ação.

1. Faça uma autoavaliação financeira e defina suas metas;
2. Explore as oportunidades de renda extra;
3. Execute o plano e monitore seus resultados;
4. Reinvista para crescer.

Conclusão: transforme seus talentos em riqueza

A riqueza começa com uma decisão. Não é sobre quanto você ganha, mas como usa seus talentos. A renda extra é o motor que pode mudar isso se você agir com disciplina, constância e inteligência.

Como Tony Robbins (2018, p. 26) diz: "O caminho para o sucesso é tomar medidas massivas e determinadas", e Warren Buffett (2005, p. 55) alerta: "Não economize o que sobra depois de gastar, mas gaste o que sobra depois de economizar".

A construção da riqueza também depende de conexão com pessoas, conhecimento e desapego para criar o novo. Se você quer um futuro diferente, precisa agir de forma diferente. Avalie seus talentos. Monetize-os. A hora é agora.

Se você quer ajuda nessa jornada, me procure no Instagram @eusoutaticampos e escreva a mensagem "na volta a gente paga" no *direct*. Vou te ensinar o caminho da sua virada financeira.

Riqueza não é sorte, é decisão. E a próxima decisão é sua.

BIBLIOGRAFIA

BOWEN, D. *et al. 90 dias para ficar milionário.* Discovery Channel, 2019.

BUFFETT, W. *Lições de um magnata.* São Paulo: Harper Business, 2005.

BUFFETT, W.; CUNNINGHAM, L. *As cartas de Warren Buffett.* Rio de Janeiro: Sextante, 2014.

CLEAR, J. *Hábitos atômicos*: um método fácil e comprovado de criar bons hábitos e se livrar dos maus. Rio de Janeiro: Alta Books, 2019.

HILL, N. *Quem pensa enriquece.* Curitiba: Fundamento, 2020.

ROBBINS, T. *Inabalável*: um guia prático para a liberdade financeira. Rio de Janeiro: Bestseller, 2018.

WALSH, S. *Bíblia da mulher de fé.* Rio de Janeiro: Thomas Nelson Brasil, 2012.

ZIGLAR, Z. *Os segredos da arte de vender.* Rio de Janeiro: Record, 1982.

“Riqueza não é sorte, é decisão. Quem escolhe agir, prospera. Quem espera milagres, permanece no mesmo lugar. Decida mudar sua história.”

Tatiana Campos

Que ensinamentos este capítulo trouxe para sua vida e suas finanças?

Anotações

Anotações

Anotações

Anotações

EDITORA
CHAVE MESTRA®

Instagram: @editorachavemestra

E-mail: editora@editorachavemestra.com.br

***Site*:** www.editorachavemestra.com.br